QUALIDADE, COMPORTAMENTO, E RESULTADOS

O lado humano da Melhoria em Qualidade

Jerry Pounds

Tom Werner

Bob Foxworthy

Daniel Moran

jerry.pounds@qualitysafetyedge.com

Tradução
Leila F Martin

ISBN-13: 978-1522889465
ISBN-10: 1522889469

DEDICATÓRIA

Dedico este livro à todos os profissionais de qualidade, colaboradores da linha de frente e aos gerentes que trabalham todos os dias para melhorar a qualidade em suas organizações. Espero que este livro forneça algumas ideias úteis para auxiliar em seus esforços.

"*Qualidade, Comportamento e Resultados* forneceu respostas para os segredos guardados sobre a criação de uma cultura real de Qualidade. É convincente, sucinto e mantém o foco em melhoria contínua com base em comportamento. Como aluno na área de negócios, este é meu livro de consulta pra determinar, reforçar e recompensar os comportamentos corretos."
— Kevin Walsh, Chief Operating Officer, Industrial Piping, Inc.

"Este livro resume as considerações que são mais comumente negligenciadas pelos processos de qualidade nos quais gastamos milhões de dólares—os comportamentos das pessoas que adotam os processos. Os autores fornecem um entendimento detalhado de onde os processos de qualidade geralmente falham e como eles funcionam melhor com o foco nos comportamentos certos."
— Barry W. Ditzler, Diretor, Fukushima Modifications for Entergy Nuclear, CB&I

"Este livro auxiliará significativamente qualquer melhoria ou iniciativa de qualidade com passos comportamentais claros e fáceis (mas não negligenciados), com foco nos comportamentos críticos à qualidade das pessoas que executam o trabalho."
— Andrew Armpriester, gerente, Empresa de energia Fortune 10

"Finalmente, temos um livro que reúne as lições aprendidas com a implementação da ciência comportamental em segurança em outra disciplina—qualidade. As pessoas precisam fazer parte da solução em uma organização: este é um grande fator motivador na melhoria contínua. Este livro fornece um modelo para envolver os colaboradores em um "sistema" de qualidade baseada em comportamento que pode fornecer melhorias significativas para qualquer organização."
— Brian Duffy, Diretor de Segurança Corporativa Ambiental e de Fabricação, Crown Equipment Corporation

TABELA DE CONTEÚDOS

RECONHECIMENTO

Agradecemos aos nossos amigos e colegas que leram o rascunho deste livro e forneceram aconselhamentos extremamente úteis e feedback especializado.

Agradecemos ao Terry McSween, PhD e CEO da Quality Safety Edge por suas orientações, contribuições e feedback durante a preparação deste livro. Agradecemos também a Gail Snyder pela edição e aconselhamento especializado.

Finalmente, agradecemos a todos os nossos colegas na Quality Safety Edge por seu apoio e trabalho pioneiro na aplicação da abordagem comportamental no local de trabalho.

PREFÁCIO

O cenário corporativo internacional está repleto de iniciativas custosas para melhoria da qualidade que não atenderam às expectativas e foram colocadas de lado. Lean, Six Sigma, World Class Manufacturing, Operational Excellence, e Total Quality Management ainda estão na moda, apesar de seus registros variados. Algumas empresas estão implementando de três a quatro iniciativas de uma vez—acreditando que mais é melhor.

Se você analisar cada iniciativa, verá dezenas de técnicas, ferramentas e processos para solucionar problemas e melhorar a qualidade. Cada iniciativa menciona os colaboradores da linha de frente, mas não produz uma abordagem sistemática para tratar do papel que as pessoas desempenham em dificultar ou melhorar a qualidade.

A ironia é que o *comportamento dos colaboradores da linha de frente* é o elemento fundamental na produção de um produto ou serviço. O modo como os colaboradores da linha de frente comportam-se—fazendo as coisas corretamente, fazendo as coisas de modo errado, não fazendo o que deveriam—determina os resultados de qualidade. No entanto, as iniciativas de qualidade não possuem um método sistemático para identificar ou alterar o comportamento dos colaboradores da linha de frente. Este livro fornece um processo sistemático para analisar o comportamento dos colaboradores na linha de frente e identificar os comportamentos específicos que cada colaborador da linha de frente deve executar para acelerar a melhoria de qualidade.

Este livro é de leitura obrigatória para todos que implementaram uma iniciativa de melhoria de qualidade, mas não alcançaram ou mantiveram os resultados desejados. Sabemos o motivo pelo qual os resultados são incompletos ou insustentáveis. Todas as doutrinas de qualidade necessitam do apoio dos altos executivos e que estes incorporem as práticas de qualidade na cultura organizacional, mas as iniciativas não especificam como fazê-lo.

Faça este teste. Abra *qualquer* livro sobre Total Quality Management, melhoria contínua, Lean, Six Sigma, World Class Manufacturing, ou o Sistema de Produção da Toyota. Procure por um capítulo sobre "como gerenciar o comportamento humano"— um capítulo que descreva exatamente o que os supervisores e gerentes devem dizer e fazer para influenciar o comportamento dos colaboradores da linha de frente que são solicitados a fornecer os resultados de alta qualidade. Você não encontrará um! O comportamento humano não está na agenda de qualidade. Gurus em qualidade são em geral profissionais de estatística e engenheiros que não são treinados em como incentivar as pessoas a desempenharem-se da melhor maneira.

Quando os vários públicos perguntaram ao Dr. W. Edwards Deming, o pioneiro em qualidade, o que exatamente os gerentes devem fazer para alcançar os seus 14 Pontos, ele forneceria sua famosa resposta, "Você é o gerente, descubra você mesmo." Esta mentalidade continua no mundo da qualidade. As iniciativas de qualidade focam principalmente na análise de dados e criação de processos e contam com os gerentes para fazer com que os planos de qualidade tornem-se realidade nos hábitos de trabalho diários dos colaboradores da linha de frente em um local de trabalho real. As iniciativas de qualidade deixam para os gerentes "descobrirem por si mesmos."

Muitas iniciativas de qualidade possuem uma lacuna—um ingrediente faltando, um ponto cego. A lacuna é assumir que os seres humanos automaticamente se comportarão de acordo com um procedimento de qualidade recém criado. O comportamento humano não funciona deste modo! Este livro trata de como aumentar a melhoria de qualidade ao gerenciar o elemento essencial do comportamento humano nos planos de qualidade. Este livro descreve como "descobrir isto."

Melhoria de Qualidade e Iniciativas de Qualidade

Mudar o modo como fazemos as coisas vem geralmente acompanhado de incertezas, frustração e o desejo de voltar atrás e fazer as coisas do modo antigo. No trabalho e em nossas vidas particulares, a mudança de comportamento em geral não é algo confortável ou fácil. Fazer as coisas de modo diferente requer que passemos por uma *curva de aprendizado*—um termo que envolve todos os sentimentos negativos que sentimos quando lutamos para melhorar.

Fazer mudanças em nossas vidas particulares, contribui sobre o que podemos esperar quando somos solicitados a alterar nosso comportamento de trabalho—o modo como estamos acostumados a fazer as coisas. Quando tentamos perder peso ou começar a praticar exercícios, sabemos que realizar medições é essencial para nos mantermos comprometidos e motivados.

Contamos calorias, contamos os números de minutos ou milhas que caminhamos ou corremos, registramos a quantidade de peso que levantamos para nos tornarmos mais fortes, ou quantos segundos mantemos um alongamento quando tentamos melhorar flexibilidade.

As medições permitem que possamos rastrear mudanças e nos fornecem feedback incentivador—informações que nos motivam e nos mantém no caminho certo. A constatação de nossa melhoria nos faz sentir bem; ficamos orgulhosos quando somos bem sucedidos. Se outras pessoas fazem declarações de apoio sobre nosso progresso, isto nos dá outra dimensão de orgulho e motivação para nossa meta.

Os mesmos fatores—medição, feedback, e reconhecimento—a que nós chamamos de *abordagem comportamental*, garantem que as iniciativas de qualidade serão implementadas com sucesso e os planos de melhoria de qualidade que produzem serão executados de modo eficaz. Estes fatores precisam ser aplicados aos esforços dos gerentes, supervisores e colaboradores da linha de frente quando tentarem realizar coisas novas, tanto individualmente quanto em atividades em equipe.

O principal é ter conhecimento de que somente treinamento não garante que os novos modos serão usados a longo prazo. Treinamento é só o começo; a abordagem comportamental acrescenta a orientação dos executantes com a medição de seus progressos e feedback positivo para a mudança e reconhecimento das melhorias.

1 APLICAÇÃO DA ABORDAGEM COMPORTAMENTAL À QUALIDA

Muitas organizações usam uma ou mais iniciativas populares com foco na qualidade tais como Lean, Six Sigma, e World Class Manufacturing. Talvez sua empresa tenha investido tempo e esforços em uma destas abordagens, ou você utilize uma combinação eclética destas ferramentas e as tenha reciclado em sua organização durante um período de tempo.

Talvez você esteja familiarizado com o cenário abaixo:

Uma fábrica industrial de peças está passando por uma crise de qualidade em suas linhas de fabricação. Um grande número de peças está retornando para retrabalho por causa de problemas na qualidade, e os clientes estão devolvendo algumas das máquinas que chegaram a sair da fábrica. O custo do retrabalho, substituição para o cliente e retenção do cliente corroeu completamente a margem de lucro da empresa. O fabricante está desesperado.

Eles já possuem o Lean e uma versão do Six Sigma em uso, mas os requisitos de recursos para implementar estes processos estão desintegrando-se lentamente por várias razões, uma das quais pode ser atribuída às distrações com os problemas de qualidade. Embora alguns dos problemas de qualidade estejam relacionados com equipamentos antigos e calibração imprecisa, torna-se claro que o desempenho humano é a maior causa. Os operadores de máquinas não estão fazendo seu trabalho do modo como os gerentes esperam e os supervisores têm dificuldade para atender as expectativas de trabalho devido ao número de interrupções não planejadas no fluxo de trabalho.

Se os gerentes nesta fábrica de componentes testemunhassem os operadores fazendo seu trabalho, constatariam que os operadores desenvolveram atalhos habituais que permitiam que fizessem o trabalho em menos tempo—gerando menos movimentação, energia, e permitindo que tirassem períodos de descanso maiores. Este tipo de comportamento não é incomum para colaboradores na linha de frente, e infelizmente, pode resultar em impactos negativos não intencionais na qualidade.

A fábrica contratou uma empresa de consultoria que propôs uma estratégia que focou na análise do comportamento no trabalho dos colaboradores na linha de frente para identificar o problema. Esta solução tem o suporte de décadas de pesquisa e raciocínio sensato, mas a alta gerência rejeitou a solução considerando-a simplista. O que aconteceu em seguida ocorre com bastante frequência nas empresas nos dias de hoje: os gerentes da fábrica decidiram contratar uma grande empresa de consultoria para implementar o World Class Manufacturing.

Agora eles tentarão implementar Six Sigma, Lean, e World Class Manufacturing para lidar com os sintomas, mas não abordarão a causa principal: os colaboradores na linha de produção não estão fazendo algumas das coisas que deveriam estar fazendo, e fazem coisas que não deveriam. O comportamento deles não está alinhado para produzir excelência em qualidade. Com frequência, muitas empresas negligenciam os aspectos do comportamento humano e tentam uma solução bastante complexa que acaba sendo muito mais trabalhosa e ainda assim não aborda a causa comportamental básica.

Os autores possuem décadas de experiência na melhoria do desempenho comportamental e ajudamos empresas a tornarem-se e manterem-se altamente competitivas e produtivas. Sabemos que grande parte das altas gerências frequentemente focam seus esforços nas análises de processo e estatísticas—eles não veem que os problemas de qualidade são causados por algo tão básico quanto o comportamento do colaborador da linha de frente no trabalho. Isto pode ter uma influência negativa e confusa em como as decisões que afetam a qualidade são tomadas. Por exemplo, os gerentes podem estar tão convencidos de que certas práticas e ferramentas de resolução de problemas devem ser usadas, que o modo como pensam mantém o foco somente nelas, e ao fazer isso, geralmente excluem outras soluções possíveis. Quando a única ferramenta que uma pessoa tem é um martelo, tudo ao redor começa a parecer-se com um prego. Neste livro, ajudaremos você a construir as habilidades para criar uma abordagem muito mais flexível e eficaz para a gestão no local de trabalho.

O que é comportamento?

A qualidade é o resultado do que os colaboradores na linha de frente fazem ou não. Um método confiável para garantir ações com foco na qualidade é crucial para o sucesso em qualquer mercado competitivo. Se sua empresa lutou com problemas similares à estes do fabricante de peças, o foco no comportamento ajudará.

A palavra *comportamento* refere-se a qualquer coisa que você veja alguém "fazer" ou ouça alguém "dizer." Um comportamento é físico ou verbal e é tão específico que pode ser contado. O objetivo de toda iniciativa de melhoria em qualidade deve ser especificamente identificar as atividades (comportamentos) que o colaborador na linha de frente pode fazer que irá melhorar a qualidade e depois verificar através de medição, que este comportamento realmente resultou em melhoria da qualidade.

O fato é que os esforços em qualidade possuem um ponto cego, e o ponto cego é o comportamento humano. Peritos em qualidade sempre afirmaram que "Não são as pessoas, é o processo." O que eles realmente queriam dizer é, "Não culpe as pessoas pelos defeitos; conserte o processo." Este conselho é bom porém incompleto. A abordagem comportamental afirma, "Conserte o processo e desenvolva os comportamentos que espera-se que as pessoas adotem no processo." Um processo bem projetado ainda deve ser implementado pelas pessoas. As pessoas precisam saber exatamente quais de seus comportamentos influenciam mais o processo e quão bem eles desempenham estes comportamentos.

Os processos de melhoria de qualidade existentes com frequência não reconhecem que o comportamento humano pode causar uma grande porcentagem de problemas na qualidade.

Quando você terminar de ler este livro, terá um enorme entendimento sobre como melhorar a qualidade e produtividade em sua organização, e estas habilidades farão de você um gerente mais eficaz. Como gerente, você não estará somente liderando uma organização ou iniciativas de qualidade, ou gerenciando os resultados. Você estará de fato liderando o comportamento no local de trabalho, seja intencionalmente ou inadvertidamente. Quando você gerencia corretamente o comportamento, você consequentemente será *eficaz* ao liderar sua empresa e iniciativas de qualidade e subsequentemente ao melhorar os resultados.

Para melhorar a qualidade, precisamos melhorar os comportamentos definidos que melhoram a qualidade. Para fazer isso, precisamos abordar um problema específico no local de trabalho chamado *desvio comportamental*.

Desvio comportamental

Muitas organizações assumem a abordagem de que a solução mais eficaz para os problemas de qualidade é identificar o melhor modo para se realizar uma tarefa. A assunção é que se você identificar o modo certo de realizar um trabalho, e depois fornecer treinamento e instruções escritas (sob a forma de procedimentos ou padrão de trabalho), então o trabalho será feito corretamente. A experiência ensinou-nos que esta abordagem está incompleta. A pressão sofrida pelos colaboradores da linha de frente (externa ou auto induzida) para fazer mais e mais rápido, com frequência faz com que eles desviem do "modo como devem fazer as coisas" já prescrito, eliminando fases e adicionando seus próprios modos aos trabalhos a serem realizados. Isto é chamado de *desvio comportamental*.

Por que eles fazem isso? Eles são colaboradores da linha de frente ruins? Não, eles simplesmente customizam suas tarefas para economizar tempo, energia e evitar desconforto imediato. As pessoas tendem naturalmente a mudar seus comportamentos para que adequem-se ao modo mais simples ou fácil de realizar uma tarefa. Alguns colaboradores da linha de frente simplificam suas abordagens porque isso encaixa-se dentro da estrutura de trabalho que torna o processo simples, eeles não possuem a perspectiva de como seu comportamento afeta a qualidade do produto final. Eles modificam os comportamentos necessários para realizar somente o seu trabalho.

Uma das principais razões pelas quais muitos colaboradores da linha de frente negligenciam ou evitam comportamentos necessários para sustentar o esforço de qualidade é porque estes comportamentos acrescentam tempo e esforços às tarefas existentes e eles não visualizam o valor destes passos. Muitos destes comportamentos são considerados entediantes ou desafiadores ou muitos colaboradores da linha de frente não sentem-se confortáveis com os requisitos necessários para fazer um trabalho de qualidade.

Qualidade Baseada em Comportamento

Quando a abordagem comportamental é sistematicamente aplicada à qualidade, chamamos este processo de *Qualidade Baseada em Comportamento*. A aplicação da abordagem comportamental para melhorar o desempenho humano não é um fenômeno novo. A aplicação da abordagem comportamental alcançou resultados sólidos e mantém o foco nos negócios para vários objetivos de desempenho organizacional. Em cada caso, a mudança de comportamento foi a chave para alcançar o objetivo em desempenho. A identificação e desenvolvimento de comportamentos críticos para a qualidade é essencial para a implementação e manutenção de qualquer iniciativa e para obter qualidade a nível internacional.

Abaixo encontram-se as ferramentas da abordagem comportamental usadas na Qualidade Baseada em Comportamento:

1. Primeiro, identifique os comportamentos específicos, observáveis dos colaboradores da linha de frente que estão ligados às causas do desempenho de baixa qualidade. A maioria das causas de um produto de má qualidade terá um fator humano. Você poderá identificar os comportamentos críticos que os colaboradores da linha de frente precisam desempenhar para resolver o problema de qualidade sendo abordado.

2. A seguir, divulgue a lista completa dos comportamentos de melhoria da qualidade identificados no Passo no. 1 para as pessoas e grupos de trabalho em toda a planta ou fábrica. Os indivíduos então saberão em quais funções críticas d e trabalho a qualidade deve ser melhorada.

3. Agora crie uma lista de verificação dos comportamentos críticos à qualidade e use-a para lembrar aos colaboradores que estes são comportamentos prioritários. Os supervisores e colaboradores da linha de frente revisarão a lista de verificação regularmente.

4. Monitore o comportamento do colaborador da linha de frente com a lista de verificação. Colegas e gerentes podem fazer observações dos comportamentos da lista de verificação, e os colaboradores da linha de frente podem ser treinados em auto monitoramento.

5. Finalmente, reúna e apresente dados como feedback para os colaboradores da linha de frente e gestão. Os colaboradores da linha de frente determinam metas de melhoria e a gestão fornece reconhecimento positivo para as melhorias e alcance de metas.

Esta abordagem torna-se uma fórmula universal para o sucesso do trabalho do colaborador da linha de frente: identificar os comportamentos-chave associados à melhoria de qualidade, fornecer expectativas claras, incluindo listas de verificação para os colaboradores garantirem que realizarão tais comportamentos conforme declarados e quando necessário, observar o comportamento para garantir execução correta e fornecer orientações com feedback positivo pela melhoria e atingimento de metas.

A Qualidade Baseada em Comportamento lida diretamente com os problemas de alteração do comportamento e otimiza um plano de melhoria da qualidade ao identificar exatamente quais comportamentos os gerentes e colaboradores precisam desempenhar para construir um plano dentro do trabalho diário e ao assegurar que as pessoas recebam feedback e reconhecimento por estes comportamentos. O foco no feedback e reconhecimento pela aceitação da iniciativa e realização com sucesso de novos modos de trabalho, geralmente não é abordado em muitos esforços de melhoria de qualidade. A Qualidade Baseada em Comportamento fornece este componente comportamental para melhorar os resultados.

Quando a abordagem comportamental é integrada com sucesso dentro das iniciativas de desempenho organizacional, alcança resultados impressionantes, tais como os resultados abaixo constatados em nossas experiências em consultoria:

- Maiores **taxas de aprovação** de atendimento ao cliente de 73 por cento para 96 por cento

- Economia de $30 milhões em **custos operacionais** em um período de pouco mais de um ano

- Produção de **economias de custo** de $750,000 em erros de contabilidade em um período de seis meses

- Alcance de **melhoria** de 98 por cento em códigos e comandos corretos em desenvolvimento de software

- Alcance de **melhoria** de 30 por cento nas cobranças e custos em compras no Departamento de Fabricação

- **Consumo Reduzido de Combustível** de 10.000 galões por mês em uma empresa de transporte e atingimento de uma porcentagem inédita de 83.3 por cento na taxa de operação da empresa

- Alcance de **eficiência** de 99.87 por cento nas remessa aéreas

- Realização de mais de meio milhão de dólares em **economias** em um período de seus meses com a redução do uso de energia em uma planta de fabricação

- Uma planta de fabricação passou de último para primeiro lugar em **redução de custo**, após comparação com 99 outras plantas de fabricação

- **Redução da carteira de vendas** de 20.000 contatos de clientes para 500 em um período de seis meses, e ao mesmo tempo prestando serviços à uma base de clientes em constante crescimento

- Uma cadeia de loja de departamentos passou de último para primeiro lugar em **atendimento ao cliente** em uma empresa com mais de 300 lojas

- **Redução** na produção de telas de televisão de **baixa qualidade** de 4 por cento para 0.20 por cento

- **Redução nos erros de seleção** de 3 por cento para menos do que 0.5 por cento em um grande centro de distribuição

- **Redução no retrabalho** de 15 por cento em um setor de montagem

A Qualidade Baseada em Comportamento trata especificamente da aplicação da abordagem comportamental ao comportamento do colaborador da linha de frente que é crítico para a qualidade. A importância deste processo está no fato de que ele é facilmente acrescentado a qualquer grande iniciativa de qualidade já sendo implementada. Ir direto ao comportamento no trabalho realizado pelo colaborador que é a causa de baixos resultados será uma adição poderosa ao processo de melhoria da qualidade em sua empresa.

Por que a Qualidade Baseada em Comportamento é necessária?

Os planos de melhoria da qualidade podem incrementar diretamente os resultado finais de uma organização através da redução do custo resultante de baixa qualidade. O custo de baixa qualidade é em geral estimado entre cinco a 30 por cento da receita, ou 25 a 40 por cento das despesas operacionais, devido a custos visíveis ou ocultos de baixa qualidade (sucata, retrabalho, reparo, devoluções, tratamento de reclamações, custos de garantia e tudo mais). Consequentemente, a implementação dos planos de melhoria em qualidade de modo eficaz e permanente, na primeira vez e com grande envolvimento do colaborador desde o início, é essencial para o sucesso organizacional.

As empresas não podem falhar na redução de custos como resultado de baixa qualidade, e um plano de melhoria de qualidade que não seja aceito pela equipe operacional, ou que não consiga sustentar seus ganhos originais após seis meses ou um ano, será adicionado ao custo da baixa qualidade. Isto não somente falha ao reduzir os custos de baixa qualidade, mas também envolve o custo inicial de implementação (desperdício) e o custo de nova implementação (mais desperdício).

Muitos dos maiores esforços de implementação de qualidade têm dificuldade em fornecer resultados. Näslund (2013) destaca alguns dos problemas com esses esforços:

> Um artigo no *Wall Street Journal*, com base em um estudo de cinco anos, registrou que o Six Sigma falhou ao produzir os resultados desejados em 60 por cento do tempo (Chakravorty, 2010). Do mesmo modo, Soti et al. (2010) afirma que muitas empresas falham ao colher os frutos da metodologia Six Sigma, utilizando com frequência recursos organizacionais valiosos. Um cenário paralelo ocorreu para a Just-In-Time (JIT) nos anos 90 e registros estão começando a surgir para o Lean (Rosemary e Wempe, 2009; Chakravorty, 2010). Um estudo pela *Industry Week* revelou que somente 2 por cento das empresas com programas Lean atingiu as metas antecipadas, enquanto 74 por cento não obteve progressos relevantes com o Lean (Pay, 2008). Farris et al. (2008) declaram que a maioria das descrições Kaizen de sucesso são baseadas em evidências de anedotas.

No início de uma grande iniciativa de qualidade, a atenção da gestão e novas atividades cria interesse quanto a execução dos processos Lean ou Six Sigma. Depois, a atenção da gestão é voltada para outras prioridades e o interesse do colaborador da linha de frente parece diminuir.

A principal razão para este desvio é que a maioria das iniciativas Lean e Six Sigma não incluem feedback positivo contínuo e reconhecimento pela melhoria e sucesso pela implementação dos elementos críticos destes processos. Os planos de ação do Lean e Six Sigma não incluem maneiras para fornecer feedback específico para os comportamentos e o reconhecimento dos colaboradores da linha de frente pela realização de novas tarefas e comportamentos nos processos recém criados.

Os planos de qualidade em geral focam na análise e projeto dos processos de trabalho, mas não no que as pessoas devem fazer para realizar bem seus novos processos de trabalho. Quando os profissionais de qualidade ocupam-se analisando e criando processos de trabalho, o sucesso destes processos teria enormes benefícios se ferramentas comportamentais fosse incluídas em seus planos. Destacamos abaixo as três razões pelas quais isso não ocorre:

1. **Eles veem as iniciativas e projetos de qualidade como algo que possui abrangência total**. Os vários movimentos de qualidade acumularam uma grande variedade de metodologias. Por exemplo, o *Lean Six Sigma Pocket Toolbook* (George, Maxey, Rowlands, e Price, 2004) contém quase 100 ferramentas e métodos. Mas a grande seleção de ferramentas, modelos, formulários, acrônimos e nomes em Japonês pode fazer com que os que praticam qualidade acreditem que cada elemento de desempenho é abordado por uma ou outra das muitas metodologias de qualidade. Infelizmente a maioria dos planos de qualidade é sobre análise

e projeto e poucos são para manutenção do desempenho. Nenhum deles define comportamentos críticos para a qualidade. Os textos de qualidade registram que os processos devem ser mantidos e controlados, mas não dizem muito sobre como fazê-lo.

2. **Eles deixam isso para os gerentes fazerem.** As iniciativas de qualidade são geralmente implementadas por uma equipe especial que estuda o problema, cria medidas de resolução e fornece o plano já preparado para o dono do processo. Muitas diretrizes de qualidade são finalizadas com uma instrução para a equipe de melhoria que afirma, em resumo, "Passe o processo melhorado para o dono do processo que irá implementá-lo e colocá-lo dentro do padrão de trabalho." A assunção é que o dono do processo, gerentes e supervisores saberão como incentivar os novos colaboradores da linha de frente quanto aos comportamentos necessários para o desempenho bem sucedido e sustentado do processo. Ao invés de deixar os gerentes de operação sem auxílio sobre como construir um novo processo dentro de um padrão de trabalho e desenvolver práticas eficazes de gestão, o uso da abordagem comportamental deve ser especificada.

3. **Eles contam com a cultura.** Todos os movimentos de qualidade pedem que os gerentes criem uma cultura que institucionalize a qualidade na organização. Mas como uma organização pode realmente criar uma cultura que apoie a qualidade? Em geral, esta é uma tarefa para os executivos. A abordagem comportamental vê a cultura como um conjunto de comportamentos que uma organização mantém através de feedback e reconhecimento. Ao invés de contar com a cultura criada pelos executivos, os proponentes em qualidade precisam de apoio executivo para construir feedback e

reconhecimento para os comportamentos críticos à qualidade dentro de cada processo.

Por que gerentes e colaboradores da linha de frente têm que aprender como identificar comportamentos críticos para a qualidade? Porque nossa tendência é pensar sobre o desempenho humano e conversar sobre ele usando palavras que descrevem amplamente o que os colaboradores devem fazer para melhorar seu desempenho no trabalho. Todos nós já ouvimos estas instruções utilizadas pelos gerentes para incentivar a organização a desempenhar-se melhor: "Desenvolva um senso de urgência!" "Assuma uma atitude de qualidade!" "Seja mais consciente!" Muitas destas declarações são ambíguas e dependem do ponto de vista. Mais importante ainda, é que nenhuma destas descrições pode ser diretamente observada ou contada para fornecer aos colaboradores um feedback positivo e reconhecimento por melhorias ocorridas.

O retorno de investimento pelo uso da abordagem comportamental é muito maior do que o que pode ser alcançado com qualquer outra iniciativa organizacional. A abordagem comportamental instiga uma nova mentalidade no modo como descrevemos o desempenho do colaborador bem sucedido e o mal sucedido. Quando os gerentes ajudam a instigar o comportamento específico esperado, os colaboradores são mais bem sucedidos no alcance dos resultados organizacionais.

Com a utilização da abordagem comportamental, os gerentes podem desenvolver o hábito de perguntarem a si mesmos, "O que faz um colaborador da linha de frente que *dedica-se à qualidade*? Como ele ou ela comporta-se para fazer com que eu afirme que são dedicados?" Se um colaborador pergunta, "Chefe, o que você quer que eu faça para demonstrar que sou dedicado à qualidade?" o supervisor ou gerente saberá exatamente como responder.

O que aprendemos neste capítulo?

1. As iniciativas populares de melhoria de qualidade não alcançam os resultados de melhoria esperados de maneira consistente em um grande porcentagem de empresas que as implementam.

2. A abordagem comportamental tem um registro sólido de sucesso na melhoria do desempenho.

3. Como os princípios que regulam o comportamento humano não são entendidos e aplicados por profissionais de qualidade, as soluções comportamentais não estão incluídas nas iniciativas de melhoria da qualidade. Os princípios do comportamento humano explicam como

   a. Melhorar a frequência do comportamento positivo, produtivo.

   b. Reduzir a frequência ou interromper a realização de um comportamento ineficaz ou incorreto.

   c. Incentivar alguém a realizar um novo comportamento – e sustentar este desempenho.

4. A abordagem comportamental inclui os itens acima e ensina as organizações a transformar objetivos de desempenho humano em comportamentos precisos, observáveis e mensuráveis.

5. Traduzir os requisitos de melhoria de qualidade do colaborador da linha de frente em comportamentos observáveis e mensuráveis permite que os gerentes forneçam aos colaboradores um feedback positivo e reconhecimento

pela melhoria e manutenção destes comportamentos—e cria uma cultura de gestão positiva e motivadora.

2 DEFINIÇÃO DOS COMPORTAMENTOS QUE GERAM RESULTADOS DE QUALIDADE

No Capítulo 1, vários pontos importantes ajudam a explicar porque as iniciativas de melhoria em qualidade falham no atingimento total dos resultados esperados e porque com frequência falham para manter as melhorias. O fator mais importante que causa esta falha é que nenhuma das iniciativas populares de qualidade possui uma abordagem sistemática para abordar o comportamento relativo a qualidade.

Uma das razões pelas quais as iniciativas populares de qualidade não tratam de comportamento, vem do modo como as pessoas descrevem o desempenho de maneira geral. A maioria das pessoas considera que a palavra *comportamento* refere-se a traços de personalidade, características ou atributo—ao invés de ações específicas. Para muitos, a frase "atitude ruim" é considerada uma descrição para um tipo de comportamento. Nenhum processo de melhoria de qualidade existente fornece maneiras para melhorarmos uma atitude ruim.

Infelizmente, o modo comum como as empresas tentam incentivar seus colaboradores da linha de frente a melhorar seu desempenho é fornecendo objetivos vagos tais como "Tenha orgulho de seu trabalho!" "Tenha uma atitude positiva!" ou "Tenha um maior senso de urgência!" Os Gerentes também recebem conselhos vagos da alta gerência ou consultores tais como "Trabalhe em Equipe," ou "Seja alguém que gosta de lidar com pessoas," ou "Aceite as mudanças." Se você pensar sobre isso, talvez você tenha recebido a instrução para mudar o modo como faz seu trabalho, mas as sugestões não deram à você instruções diretas e claras. Quando diz-se para alguém, "Seja um Empreendedor," aquela pessoa realizará muito mais se o conselho for seguido a partir de uma lista de comportamentos desempenhados pelos empreendedores. Enquanto estes tipos de comentários têm o objetivo de motivar as pessoas à melhorar, com frequência soam como críticas pessoais e alegações, e não conseguem na realidade melhorar o desempenho.

A sabedoria convencional assume de modo incorreto que estas instruções vagas são todas "comportamentos," mas não são. Estas fases-problema e instruções para melhoria parecem indicar que o colaborador da linha de frente possui algum tipo de problema de personalidade que funciona como um obstáculo à excelência do desempenho, mas este é raramente o caso. O que é ainda mais problemático quanto à repetição destas instruções, é que quando os gerentes culpam ou rotulam um colaborador da linha de frente por não ter a atitude correta, o orgulho, ou senso de urgência, isto cria um problema fictício que não pode ser sistematicamente abordado por gerentes, supervisores, ou pelo colaborador em foco.

Imagine que um problema de desempenho no trabalho esteja ocorrendo porque um colaborador da linha de frente não tenha sido treinado corretamente e o supervisor afirma:, "Bem, é melhor você começar a fazer seu trabalho!" Naquele momento, o colaborador da linha de frente provavelmente se sentirá culpado, o gerente poderá pensar que ele(a) ajudou o colaborador e não demonstra mais nenhuma responsabilidade. O problema no trabalho permanece não abordado, e agora o colaborador da linha de frente que sente-se confuso e frustrado, poderá começar a distanciar-se. Estes tipos de frases em que o colaborador da linha de frente sente-se culpado, têm sido passados adiante desde o início da Revolução Industrial. Para os gerentes e supervisores, tentar trabalhar com colaboradores da linha de trabalho para melhorar uma "atitude ruim" ainda não é possível. Soa como uma doença com a qual o colaborador nasceu. Queremos mudar estas práticas problemáticas antigas, e começar a ter impacto direto na produção de ações eficazes no local de trabalho.

Destaque de comportamento

Destacar na abordagem comportamental é um processo para tornar objetivos de desempenho vagos em comportamentos discretos e observáveis. Estamos usando o termo *destacar* para referir-nos à definição precisa dos comportamentos de trabalho, para que possamos medir exatamente que tipo de efeito ele tem no processo e no produto.

As frases na última parte que falam de atitude, urgência e orgulho não resultaram em ações mensuráveis. Elas são descrições mal escritas do que precisa ser feito pelos colaboradores da linha de frente. Os gerentes possuem problemas similares com os mandatos vagos e generalizados de gurus em qualidade que frequentemente recomendam que eles "desenvolvam uma atitude de qualidade" ou "criem uma cultura de qualidade." Muitos diriam, "Bem, isto é fácil, você só tem que *treinar seus colaboradores para serem orientados para a qualidade.*" O que isso significa especificamente? Se você não puder ser específico, isto significará coisas diferentes para pessoas diferentes e será muito difícil abranger todos os significados diferentes.

O treinamento deveria ensinar aos colaboradores como desempenharem seus trabalhos de acordo com um padrão mensurável. Em outras palavras, o treinamento objetiva instruir as pessoas a envolverem-se nos comportamentos de trabalho corretos; No entanto, isto não garante que irão *desempenhar consistentemente* estes comportamentos. Por várias décadas, grandes empresas e gerentes industriais contaram com treinamento para criar melhorias e mudanças. O treinamento é certamente um ingrediente necessário para transmitir o comportamento de trabalho solicitado, mas ele não garante que o comportamento será realizado. E outros treinamentos para mudanças de processo também não garantem que o colaborador da linha de frente adotará e seguirá consistentemente o novo comportamento necessário. O treinamento simplesmente mostra para os que já receberam treinamento a direção da mudança e melhoria.

Um gerente poderá perguntar, "Você quer dizer que é errado eu pedir aos meus colaboradores da linha de frente para serem comprometidos com a qualidade?" É claro que não, desde que você diga à eles o que precisam "fazer" para demonstrar este comprometimento. Os colaboradores da linha de frente devem ser informados sobre as ações e comportamentos que precisam executar para desempenhar trabalho de qualidade.

Alguns exemplos de comportamento comprometido com a qualidade são os seguintes:

- O colaborador da linha de frente comprometido com a qualidade chega em sua estação de trabalho alguns minutos antes de seu turno para avaliar a área de trabalho. Ele(a) quer assegurar-se de que o turno anterior não deixou para trás nenhum problema de conservação e limpeza.

- Eles(as) verificam a localização das ferramentas e asseguram-se de que todas as ferramentas que precisam precisam estão nos locais certos.

- Eles(as) verificam suas máquinas e a situação da linha para ver se o produto sendo preparado na linha está correto.

- Eles(a) verificam recipientes ou prateleiras onde seus materiais de trabalho são mantidos para garantir que tenham tudo que precisam e verificam que os documentos necessários foram preenchidos corretamente pelo turno anterior.

- Os colaboradores da linha de frente comprometidos com a qualidade informam aos seus supervisores se virem algo que afetaria negativamente seu desempenho e / ou produto.

- Os colaboradores da linha de frente comprometidos com a qualidade devem ser proativos ao antecipar problemas que possam representar um problema de qualidade, mesmo que estes estejam fora de sua área de responsabilidade.

- Se outro colaborador estiver atrasado em suas tarefas, os colaboradores comprometidos com a qualidade devem fornecer assistência, se possível.

- Se estes colaboradores ouvirem algum ruído no equipamento que indicar que um problema em potencial pode estar desenvolvendo-se, eles(as) informam aos seus supervisores.

- Se suas máquinas precisarem de recalibração, devem voluntariamente informar seus supervisores ou ao setor de manutenção, e informar aos seus supervisores sobre qualquer material de qualidade inferior que tenha sido colocado em seus recipientes ou nas prateleiras.

- O colaborador da linha de frente comprometido com a qualidade oferece ideias ou informações que podem resolver um problema de qualidade existente ou melhorar a qualidade.

- Ele(a) deve conversar com o supervisor sobre qualquer problema que possa influenciar de modo negativo a produção de qualidade.

- O colaborador da linha de frente comprometido com a qualidade oferece sua presença nas reuniões de melhoria de qualidade, sempre que possível.

Estes são exemplos de algumas ações que os colaboradores da linha de frente comprometidos com a qualidade poderiam tomar. Portanto, se um colaborador disser para seu supervisor, "O gerente da planta me disse que precisamos desenvolver comprometimento com a qualidade; o que ele quer que a gente faça?" O supervisor deve dizer, "Posso dar alguns exemplos do que os colaboradores comprometidos com a qualidade podem realizar."

1. Chegar em sua estação de trabalho alguns minutos antes para fazer uma verificação física das condições das estações de trabalho.

2. Verificar a colocação das ferramentas nos locais corretos.

3. Avaliar fisicamente a limpeza da área e se o turno anterior deixou a área em boas condições para iniciar o turno seguinte.

4. Olhar nos recipientes e verificar as prateleiras para garantir que tenham todos os materiais necessários.

5. Verificar os equipamentos para garantir que estejam prontos para iniciar o trabalho.

6. Revisar os documentos necessários para o turno e ver se estão corretos, preenchidos e se o operador anterior escreveu algum comentário sobre qualquer coisa que possa representar um problema.

7. Fornecer qualquer informação ao supervisor que possa ajudar a evitar um problema em potencial durante o turno.

8. Fornecer ajuda aos colaboradores da linha de frente quando eles têm um problema que irá influenciar a produção de qualidade.

9. Informar o supervisor ou ao setor de manutenção sobre qualquer ruído estranho que indique que um problema possa estar desenvolvendo-seno equipamento.

10. Informar ao seu supervisor se o equipamento precisar de recalibração.

11. Conversar com seu supervisor sobre materiais abaixo do padrão colocados nos recipientes ou nas prateleiras.

12. Fornecer voluntariamente ideias e informar problemas em potencial.

13. Oferecer voluntariamente sua presença nas reuniões e conversas sobre a melhoria de qualidade.

Estes exemplos mostram o quanto instruções vagas dos gerentes tais como "Demonstre comprometimento!" podem transformar-se em comportamentos visualmente observáveis que podem ser mensurados, e usados como feedback para ajudar os colaboradores da linha de frente a gerenciarem a melhoria de qualidade. Tais medições comportamentais também fornecem ao supervisor dados concretos que ele(a) pode usar para construir feedback positivo.

Este exemplo de "Demonstre maior comprometimento!" é similar à outras instruções vagas que têm sido usadas para forçar os colaboradores da linha de frente a desempenharem-se melhor: "Mostre algum entusiasmo," "Seja mais consciente," e "Leve as coisas a sério." Estas frases e as mencionadas nas seções anteriores são frustrantes para o interlocutor. Parece que estão sendo criticados por "quem são," ao invés de "pelo que fazem." A Qualidade Baseada em Comportamento objetiva resolverá isto.

Se os gerentes e supervisores entenderem como reafirmar tais sugestões em comportamentos observáveis desejados, os colaboradores da linha de frente poderão ter uma lista das ações que podem tomar para atender as expectativas de desempenho.

Identificando os comportamentos específicos que causam um problema de qualidade

Descobrir causas comportamentais é como descobrir um novo veio de ouro em uma mina que você pensou que já tivesse sido explorada. É como fazer uma investigação comportamental forense para descobrir um único comportamento ou vários comportamentos que levaram a um resultado de baixa qualidade na produção de um produto ou serviço.

Problemas de qualidade são frequentemente causados não somente pelo que um colaborador da linha de frente fez, mas também pelo que o colaborador *não* fez. Por exemplo, um colaborador da linha de frente poderá não informar ao supervisor que o equipamento não está calibrado e portanto poderá criar uma alteração no produto. Outro colaborador poderá não informar ao encarregado que os materiais sendo usados para fabricar o produto possuem alguns defeitos. Com frequência, os colaboradores verão produtos de qualidade ruim passarem por sua estação de trabalho e ninguém é notificado. Infelizmente, o produto com defeito de qualidade com frequência passa pela linha de produção. O não desempenho de um comportamento que ajudaria a eliminar o produto de baixa qualidade é uma ocorrência comum. Muitos colaboradores da linha de frente omitem comportamentos na sequência de suas tarefas ou realizam os comportamentos na sequência incorreta.

Quando isso acontece, a pergunta feita sempre é, "Por que eles não avisaram a ninguém que poderia ter ajudado a corrigir e evitar o problema?" Com frequência a velocidade da produção é uma prioridade. Qualquer coisa que desacelere a linha chama atenção negativa para um operador. A reação que um colaborador recebe da supervisão, e até mesmo de outros colaboradores poderá incluir olhares de frustração e impaciência. Como o colaborador poderá não gostar deste tipo de consequência negativa, ele(a) poderá escolher não informar os defeitos nos produtos. Em organizações maduras quanto a qualidade, os colaboradores da linha de frente são incentivados a registrar todo e qualquer problema que possa influenciar a qualidade do produto, e ao fazer isso, geram atenção positiva de seus colegas e supervisores.

Considere o exemplo abaixo que ocorreu em uma planta de fabricação de aço. Para um certo tipo de tarefa de alta qualidade, os soldadores precisavam ser formalmente qualificados e testados para realizar tipos diferentes de soldas. As qualificações são válidas por um período de tempo; cada soldador tinha um conjunto individual de qualificações de soldagem, cada uma com sua única data de validade. Em qualquer dia, a qualificação de um soldador poderá ser atualizada enquanto a de outro soldador poderá ter expirado. Uma inspeção de qualidade de solda incluiu a verificação das qualificações do soldador. Se um soldador sem qualificação ou cuja qualificação tenha expirado tivesse realizado uma solda, a solda seria considerada defeituosa *mesmo que* a solda em si estivesse fisicamente aceitável. Soldas defeituosas tinham que ser removidas e soldadas novamente.

A lista das qualificações dos soldadores era mantida em um registro impresso de serviço de solda.

- Um dos comportamentos críticos à qualidade era fazer com que cada soldador verificasse o registro de solda para confirmar que a qualificação dele(a) para aquele tipo de solda estava atualizada *antes de começar a soldar.*

- Outro comportamento crítico à qualidade era requerer que os soldadores verificassem as qualificações uns dos outros no registro de solda ("verificação por pares").

Os soldadores eram periodicamente lembrados da importância de serem qualificados para cada tipo de solda. Mas os problemas de qualificação—e consequentemente os defeitos e retrabalho—as vezes ocorriam. *Por que os soldadores simplesmente não checavam o registro de solda?* Alguns gerentes reclamavam que os soldadores eram preguiçosos ou descuidados ou tinham pouca ética profissional. Mas do ponto de vista comportamental, não havia nenhum motivo para achar que os colaboradores da linha de frente fossem qualquer uma destas coisas.

> *No centro destes problemas comportamentais, estava o fato de que os soldadores que trabalhavam em outros ambientes com padrões de qualidade menos rigorosos, não estavam acostumados a checar as qualificações antes do trabalho. Estes soldadores estavam acostumados a*

focar no ato de soldar, e não em analisar documentação. Precisavam fazer esforço extra para olhar no registro de solda. Outros soldadores confiavam em suas memórias desde a última vez que haviam verificado o registro. O problema real nesta situação era que não havia um sistema de observação e feedback para garantir que os colaboradores da linha de frente cumpririam com as expectativas.

Os colaboradores da linha de frente com frequência realizam um comportamento de trabalho de modo diferente do especificado pelo padrão de trabalho. Para economizar tempo, energia e desconforto real ou percebido, os colaboradores as vezes desviam-se do procedimento formal. As variações de produto criadas por esta variação comportamental não eram percebidas até mais à frente na linha de fabricação, ou quando descobertas pelo cliente.

Os colaboradores da linha de frente que não atendem as expectativas de trabalho podem causar vários problemas de qualidade. Há muitas razões pelas quais isso pode ocorrer. Às vezes é um problema de treinamento ou um mal-entendido da parte deles. Ou entenderam parcialmente e colocaram seu próprio estilo no modo como uma tarefa ou passo é realizado porque não queriam parecer pouco inteligentes ao pedir ajuda. Isto indica um problema comportamental. "Fazer a coisa do modo errado," com a frequência mencionada como "falha no cumprimento do procedimento" é uma das causas mais comuns do desempenho de baixa qualidade. O desempenho de baixa qualidade resulta em rejeição na linha de produto e devoluções pelo cliente.

Em resumo, os colaboradores da linha de frente influenciam a produção de baixa qualidade quando eles:

1. falham por não fazer ou dizer algo que evitaria a baixa qualidade;

2. alteram um ou mais comportamentos de trabalho;

3. falham ao realizar os comportamentos de trabalho esperados;

4. desempenham comportamentos de trabalho incorretamente.

Na maioria dos casos, os comportamentos específicos que um colaborador da linha de frente desempenha ou não, são em geral fáceis de serem descobertos, seja via questionamento ou observação direta. Em cada grupo de trabalho, vários comportamentos são críticos para garantir a qualidade do produto. Departamentos ou grupos de trabalho raramente destacam estes comportamentos. Divulgar gráficos de medidas comportamentais em um quadro de avisos para que todos vejam é um meio de focar a atenção de todos nos comportamentos essenciais a serem atendidos para aquela semana, mês ou permanentemente. Conversas sobre comportamentos críticos à qualidade são mais instrutivas e produtivas do que instruir os colaboradores com abordagens do tipo "Certifique-se de fazer isso!".

Não é incomum para um grupo encontrar-se por uma hora, identificar os comportamentos críticos à qualidade e imediatamente usá-los para criar uma lista de verificação de comportamentos que cada colaborador poderá usar para melhorar os comportamentos que abord am o problema.

Esta urgência está ausente nas análises existentes de causas de qualidade. Uma abordagem de Qualidade Baseada em Comportamento pode economizar tempo do colaborador fora do trabalho, resolver problemas mais rapidamente e com frequência eliminar a necessidade de soluções de engenharia mais dispendiosas. Além disso, ela economiza dinheiro se comparada com processos de treinamento mais longos como Six Sigma e Lean. O custo para implementar a Qualidade Baseada em Comportamento pode ser um décimo do custo de outros processos de melhoria de qualidade (e gerar retornos muito maiores).

Um benefício adicional é que a Qualidade Baseada em Comportamento não conflita com outros métodos de engenharia e estatísticos. A Qualidade Baseada em Comportamento pode ajudar a melhorar e sustentar o processo de qualidade existente.

O que aprendemos neste capítulo?

1. Traços de personalidade, características ou atributos não são comportamentos. Para mudar um comportamento, é importante traduzir frases que refiram-se à traços ou rótulos, como "Seja um empreendedor" em comportamentos (ações observáveis) que as pessoas possam desempenhar.

2. *Destacar* é o processo de tornar objetivos vagos de desempenho em comportamentos discretos e observáveis. Destacar refere-se a definir comportamentos de trabalho que podem ser observados e mensurados.

3. Uma vez que os comportamentos de trabalho sejam destacados, uma pessoa poderá observar se estes comportamentos estão ocorrendo. Os resultados de qualidade podem ser afetados pelos comportamentos do colaborador da linha de frente das seguintes maneiras:

    a. não fazer ou dizer algo que poderia evitar a qualidade ruim;

b. alterar um ou mais comportamentos de trabalho no processo de qualidade

c. não realizar os comportamentos de trabalho esperados;

d. desempenhar comportamentos de trabalho incorretamente.

3 A EQUIPE DE AÇÃO EM QUALIDADE: PRIMEIROS PASSOS

Um dos primeiros passos da Qualidade Baseada em Comportamento é identificar uma equipe exclusiva de pessoas que será responsável por orientar esta implementação. Uma Equipe de Ação em Qualidade é sempre criada no início de cada implementação da Qualidade Baseada em Comportamento. É essencial que os membros da equipe estejam interessados e entusiasmados em promover melhorias em qualidade. Se as pessoas certas forem selecionadas para esta equipe, elas difundirão o entusiasmo e expectativas positivas para o processo para todos os colaboradores da linha de frente. Cada membro da Equipe de Ação em Qualidade deve ter interesse em melhorar a qualidade e sentir-se confortável ao trabalhar com outras pessoas para identificar problemas e implementar soluções.

Nossa experiência indica que qualquer esforço sistemático de melhoria de qualidade em uma organização deve possuir apoio e envolvimento da gerência para ser bem sucedido e sustentável. O *apoio* da Gerência é frequentemente mencionado como vital nas iniciativas de melhoria da qualidade, porém uma definição clara de *apoio* nunca é apresentada. O que espera-se que os gerentes "façam" para demonstrar este apoio não é descrito com precisão. A Equipe de Ação em Qualidade resolverá este problema de duas maneiras. Primeiramente, pelo menos uma pessoa da Equipe de Ação em Qualidade será um membro da gerência com sólido conhecimento dos recursos organizacionais e do processo para criação de mudanças a nível da alta-gerência. Em segundo lugar, a Equipe de Ação em Qualidade trabalhará com todos os níveis da gestão para identificar e comprometer-se a realizar os comportamentos específicos esperados dos gerentes para que demonstrem visivelmente o seu apoio e envolvimento.

Seleção da Equipe de Ação em Qualidade

Envolver os colaboradores da linha de frente em um processo de melhoria de qualidade organizacional aumenta o apoio e suporte do colaboradores da linha de frente. A Equipe de Ação em Qualidade incentivará a participação dos colaboradores da linha de frente ao selecionar seus membros de uma variedade de departamentos, grupos de trabalho e níveis de gestão. A mistura na representação do local de trabalho é selecionada cuidadosamente para garantir que a Equipe de Ação em Qualidade tenha a credibilidade dos colaboradores da linha de frente.

Uma pergunta importante é, "Quem seleciona os membros da Equipe de Ação em Qualidade?" A resposta é, a pessoa que iniciou uma Qualidade Baseada em Comportamento na planta seria o primeiro membro; a partir daí ele ou ela obterá a autoridade da gestão para reunir a equipe. Este colaborador da linha de frente que iniciará a equipe poderá ser alguém que já esteja implementando uma iniciativa existente de qualidade e que, após ler o livro, reconheça os benefícios de acrescentar soluções comportamentais para alcançar resultados melhor sustentados. Ou o líder da Equipe de Ação em Qualidade poderá ver o valor de descobrir as causas comportamentais para os problemas e influenciar os comportamentos dos colaboradores da linha de frente que resultem em maior qualidade.

Se um supervisor da linha de frente reconhecer o valor dos conceitos apresentados aqui, ele(a) poderá desenvolver o interesse interno ao passar o livro para outros e iniciar o diálogo com os colegas e tomadores de decisão. O supervisor poderá também passar o livro para um líder de qualidade existente ou gerente sênior que tenha um histórico de interesse na melhoria de qualidade.

Se um membro da alta gerência ler este livro, ele(a) poderá pedir a outros gerentes que leiam o livro e desenvolvam um consenso para seguir adiante. Os gerentes podem então selecionar como membro da Equipe de Ação em Qualidade alguém que poderia ser um líder na melhoria de qualidade e que poderia trabalhar com os gerentes para selecionar membros adicionais da equipe e criar a dinâmica positiva que a equipe precisaria para iniciar, implementar e sustentar a Qualidade Baseada em Comportamento em toda a planta. A Equipe de Ação em Qualidade deverá ter vários membros da gerência e colaboradores da linha de frente, de várias funções.

A Equipe de Ação em Qualidade será determinada pelo tamanho da planta. O número de membros varia mas nossa experiência não recomendaria mais de 10 membros. Uma equipe com seis a oito membros é frequentemente eficaz. Se você tiver uma fábrica muito grande com muitas áreas funcionais, considere criar uma Equipe de Ação em Qualidade adicional. A quantidade de Equipes de Ação em Qualidade não é tão importante quanto o fato de que duas ou mais Equipes de Ação em Qualidade precisam comunicar-se uma com a outra e compartilhar informações e práticas. Cada grupo precisa compartilhar os aprendizados importantes. Quando uma Equipe de Ação em Qualidade resolver um problema de qualidade, os outros grupos devem ter acesso aos detalhes.

Outros fatores a serem considerados na seleção dos membros da Equipe de Ação em Qualidade incluem os seguintes:

- Boa habilidade de comunicação, especialmente a habilidade de realizar discussões lógicas, expressar claramente suas opiniões, saber escutar outras pessoas e incentivar contribuições positivas

- Conhecimento das iniciativas de qualidade existentes e práticas de melhoria em qualidade

- Sólido conhecimento profissional do processo de produção e funções departamentais

- Interesse em promover mudanças positivas e fazer a diferença em qualidade

- Desejo de falar para os colegas e gerentes

- Liderança natural e a habilidade de trabalhar com eficácia em uma equipe de alto desempenho

- Ter credibilidade entre os colegas e gestão

Não é necessário para um candidato ter todos estes traços, mas esta lista fornece alguma orientação para decidir quais colaboradores da linha de frente devem ser convidados a unirem-se à equipe. Os candidatos que estiverem interessados na melhoria de qualidade e gostarem de resolver problemas em equipe provavelmente irão oferecer-se voluntariamente quando você perguntar. Nossa experiência na formação de comitês de intervenção baseada em comportamento é a de que os membros voluntários são geralmente mais entusiasmados e produtivos do que aqueles que foram designados.

Fundação da Equipe de Ação em Qualidade

Uma vez que os membros tenham sido selecionados, a Equipe de Ação em Qualidade estabelecerá as regras básicas para reunirem-se e produzirá um acordo sobre o objetivo e metas da equipe. Se os membros da Equipe de Ação em Qualidade tiverem experiência anterior com resolução de problemas em grupo, eles poderão não ter que utilizar muito tempo para determinar as regras de ordem. No entanto, certos princípios devem ser claros, tais como o processo de votação para a tomada de decisões, levantar as mãos para iniciar comentários ou perguntas, e permitir que os outros falem sem interrupções. Além disso, a equipe pode discutir rapidamente como a construção e tempestade de ideias em equipe produz inovação, como uma linguagem respeitosa evita discussões, entre outros. Regras de ordem adicionais podem ser determinadas a medida que a equipe comece a trabalhar. Novas regras podem ser necessárias para manter a ordem e manter o foco na identificação e resolução de problemas de qualidade com a abordagem comportamental.

Na primeira reunião, a Equipe de Ação em Qualidade deve conversar sobre seu objetivo e metas. O objetivo e metas devem ser claramente escritos e declarados usando termos específicos. A equipe pode utilizar alguns dos itens abaixo.

Objetivo: O objetivo da Equipe de Ação em Qualidade inclui os itens seguintes:

- Implementar Melhorias de Qualidade Comportamental na planta.

- Aplicar a abordagem comportamental aos problemas de qualidade existentes.

- Melhorar a eficácia das iniciativas de qualidade existentes ao fortalecer o processo de resolução de problemas.

- Identificar novas oportunidades de melhoria em qualidade e aplicar a abordagem comportamental.

Processo: Para alcançar nosso objetivo, a Equipe de Ação em Qualidade poderá fazer o seguinte:

- Identificar os comportamentos que causam problemas de qualidade e os comportamentos dos colaboradores da linha de frente que asseguram resultados de alta qualidade, ao analisar os dados de qualidade e entrevistar gerentes, colaboradores da linha de frente e partes interessadas.

- Identificar quaisquer fatores no ambiente de trabalho que estejam influenciando positiva ou negativamente o desempenho em qualidade.

- Criar uma lista de verificação de comportamentos críticos à qualidade necessários para resolver o problema de qualidade.

- Selecionar a partir dos colaboradores da linha de frente, os voluntários que estejam treinados para observar indivíduos e grupos e trabalho, apresentar feedback positivo por desempenharem comportamentos críticos à qualidade, e relatar quaisquer preocupações que possam ter sobre o desempenho de colaboradores. Eles perguntarão ao colaborador da linha de frente se há algo que possa auxiliá-lo(a) ao remover um obstáculo ou tornar mais fácil a realização de trabalho de qualidade.

- Usar esta lista de verificação como base para um sistema de rastreamento que produzirá dados sobre a frequência dos comportamentos críticos a qualidade que resolverão o problema.

- Manter gráficos de dados visíveis em cada projeto e divulgar os gráficos.

- Rastrear dados comportamentais e comparar com os dados de resultados de qualidade existentes.

- Desenvolver metas de melhorias para os comportamentos críticos à qualidade ao longo do tempo.

- Criar planos de comemoração que recompensarão os colaboradores da linha de frente por alcançar estas metas.

- Revisar os métodos de melhoria de qualidade atualmente sendo usados e identificar as oportunidades onde a abordagem comportamental melhorará sua eficácia.

- Determinar se os colaboradores da linha de frente precisam de treinamento adicional sobre como desempenhar os comportamentos críticos à qualidade, e auxiliar no desenvolvimento de tal treinamento.

- Estudar Conversas sobre Qualidade Baseada em Comportamento e preparar evento de treinamento para ensinar a todos os níveis da gestão como desempenhá-las nas conversas e reuniões de trabalho diárias. (Consultar Capítulo 6.).

- Ensinar aos gerentes e supervisores como realizar as Conversas de Qualidade Comportamental nas quais eles coletem informações sobre o progresso, identifiquem as barreiras, e descubram quaisquer recursos que os colaboradores da linha de frente precisem para desempenharem-se melhor.

- Preparar um mapa para implementar a Qualidade Baseada em Comportamento na planta, preparar uma lista priorizada dos problemas de qualidade existentes e apresentar este plano para a alta gestão.

- Lançar a Qualidade Baseada em Comportamento ao comunicar para a força de trabalho o que a Equipe de Ação em Qualidade estará fazendo e enfatizar que a Equipe de Ação em Qualidade buscará soluções e não apontará culpados.

Alguns dos resultados importantes da Equipe de Ação em Qualidade estão abaixo:

- Um plano aprovado para construir e sustentar os comportamentos críticos essenciais para obter resultados de alta qualidade

- Descoberta de novas oportunidades de melhoria em qualidade

- Retirada de obstáculos e análise dos problemas nos sistemas que limitem o desempenho de qualidade

- Divulgação do feedback e evidências de melhorias em assuntos de qualidade

- Melhorias rastreadas e comunicadas nos resultados de qualidade

Priorização e seleção dos problemas de qualidade

Após a Equipe de Ação em Qualidade ter identificado seu objetivo e metas, você precisa selecionar um problema de qualidade existente para abordar. Sua empresa poderá ter uma longa lista de problemas de qualidade. Muitos fatores determinarão o problema de qualidade a ser escolhido como seu primeiro alvo. Obviamente, se o problema de qualidade estiver causando resultados catastróficos ou perigosos, ele necessitará de atenção imediata. Problemas de qualidade que estejam ameaçando o bem-estar financeiro da organização devem estar no topo da lista.

Se sua empresa não estiver lidando com fatores críticos tais como esse, há outros itens a considerar. Um problema a ser considerado pela Equipe de Ação em Qualidade é se ela deve tomar uma decisão potencialmente arriscada para os negócios ou abordar um problema menor. As vezes faz sentido para uma Equipe de Ação em Qualidade recém-formada que nunca tenha usado Qualidade Baseada em Comportamento antes, utilizar práticas com a abordagem comportamental e garantir que a primeira vez resulte em uma "vitória." Com frequência, quando um problema de qualidade é crítico, algumas Equipes de Ação em Qualidade irão tratar de um problema maior logo no início.

Identificação de comportamentos críticos à qualidade

Uma vez que a Equipe da Ação em Qualidade tenha priorizado uma lista de problemas de qualidade na ordem em que devem ser resolvidos, a próxima tarefa é identificar os comportamentos críticos à qualidade associados com o primeiro problema de qualidade. A identificação destes comportamentos fornece a base para todo o trabalho subsequente da Equipe de Ação em Qualidade.

A Equipe de Ação em Qualidade conversa sobre os grupos de desempenho que possuam maior impacto no resultado de qualidade. Depois disso, para cada grupo identificado, os membros da Equipe de Ação em Qualidade perguntam a si mesmos, "Que comportamento observável, ou série de comportamentos estas pessoas poderiam estar fazendo para reduzir ou eliminar os defeitos?" Fazer a pergunta de vários modos diferentes ajuda: "Quais ações geradoras de resultados precisam acontecer com mais frequência, mais rapidamente ou de modo melhor? Quais são as coisas importantes que as pessoas precisam desempenhar e que farão a diferença na qualidade deste problema em particular? Que comportamento queremos garantir que cada colaborador da linha de frente desempenhará para influenciar este problema de qualidade consistentemente? Há algum comportamento que um colaborador deva interromper ou substituir por um comportamento mais eficaz?" Além de perguntarem-se uns aos outros, os membros da Equipe de Ação em Qualidade podem perguntar aos colaboradores em si sobre comportamentos críticos à qualidade. Algumas vezes os colaboradores da linha de frente que trabalham em um processo todos os dias, sabem quais comportamentos são críticos à qualidade, mas ninguém pergunta isto à eles.

Vamos examinar um exemplo em que os colaboradores da linha de frente em uma organização foram uma grande fonte de informações sobre comportamentos críticos à qualidade. Nosso consultor foi solicitado por uma empresa que produz vacinas a ajudar a melhorar a qualidade da produção das mesmas. A companhia fazia vacinas que eram usadas por todas as empresas criadoras de frangos e por todos os donos de ranchos criadores de frangos e era usada para eliminar a gripe nos mesmos. O processo para preparar as vacinas era conduzido em um laboratório estéril onde o fluido em volta de um embrião de ovo fertilizado era injetado com o vírus. Após vários dias, o fluido era extraído e usado como vacina para a gripe. A companhia tinha um índice de qualidade de 92 por cento nos processos de produção. Cada ponto percentual de melhoria na produção de qualidade era o equivalente a $100,000 por semana em aumento de receita para a empresa.

O consultor visitou o laboratório e encontrou-se com um grupo de supervisores da planta para descobrir o que os trabalhadores do laboratório poderiam fazer para melhorar a qualidade e aumentar a produção. Durante uma longa reunião matutina em uma sala de reuniões, os supervisores admitiram que eles não sabiam como aumentar a produção, e a conversa não estava chegando a nenhuma conclusão. Durante um intervalo da reunião, o consultor perguntou ao supervisor do laboratório, "Gostaria que você chamasse a pessoa líder no laboratório e peça-lhe que faça a seguinte pergunta aos outros trabalhadores: Vocês podem me dizer três ou mais coisas que poderiam fazer para melhorar a qualidade da produção de vacinas?" Ele afirmou que seria fácil atender à solicitação do consultor, e o fez prontamente.

Após o intervalo, o consultor perguntou ao supervisor do laboratório como os colaboradores da linha de frente responderam. O supervisor afirmou que havia realizado uma tempestade de ideias e identificado cinco comportamentos críticos que aumentariam a qualidade. Os supervisores ficaram surpresos ao descobrir que somente perguntar ao pessoal que realizava o trabalho poderia de fato resolver o problema, embora a gestão não tivesse conseguido fazê-lo por vários meses. Em um período de um mês, a qualidade da produção aumentou de 92 para 97 por cento, aumentando a receita da companhia em $500,000 *por semana*!

No exemplo do laboratório, os supervisores não conheciam os comportamentos necessários para melhorar a qualidade; no entanto, há momentos em que os gerentes sabem exatamente o que os colaboradores da linha de frente devem fazer para melhorar a qualidade, e sentem-se frustrados pois somente alguns colaboradores realizam estes comportamentos. Os grupos de trabalho na linha de produção final que recebem produtos fora do padrão de qualidade geralmente referem-se à esta experiência como "passando o lixo." Este grupo sabe com frequência, quais comportamentos fazem a diferença na produção de trabalho de alta qualidade, mas raramente são solicitados a fornecer uma lista destes comportamentos. Com frequência, quando perguntados, eles sentem-se motivados a descobrir os comportamentos que não são realizados ou que são realizados incorretamente.

A Equipe de Ação em Qualidade também pode convidar peritos em vários assuntos para uma reunião e servir como recurso para ajudar a identificar a causa do problema de qualidade comportamental. Os engenheiros que criaram o processo de trabalho, os treinadores que ensinaram as habilidades de trabalho relevantes, ou os inspetores de qualidade que verificam o trabalho feito, frequentemente sabem exatamente quais comportamentos são essenciais para os colaboradores da linha de frente realizarem de modo a alcançar a qualidade.

Se necessário, a Equipe de Ação em Qualidade pode montar um grupo de colaboradores da linha de frente, gerentes, ou clientes e pedir que eles realizem uma tempestade cerebral para identificar os comportamentos críticos à qualidade. Com a lista de comportamentos preparada, o grupo conversa sobre cada comportamento e os classifica em termos de importância. O produto final deve ser uma lista priorizada de vários comportamentos críticos à qualidade, que seus colaboradores da linha de frente podem alterar para melhorar os resultados de qualidade.

Outra abordagem para identificar comportamentos críticos à qualidade é um membro da Equipe de Ação em Qualidade observar os indivíduos ou equipes com melhor desempenho e ação, e ver exatamente o que eles fazem de modo diferente para alcançar qualidade. Por exemplo, em uma planta de fabricação de aço, a observação da melhor equipe de solda mostrou que o encarregado e soldadores usavam medidores e outras ferramentas de inspeção para auto inspecionar suas soldas antes de chamar a análise oficial por um inspetor de controle de qualidade. A auto inspeção da equipe de produção ajuda-os a melhorar a qualidade do trabalho e aumenta a probabilidade das soldas passarem na inspeção, economizando tempo e retrabalho.

Identificação dos fatores que influenciam os comportamentos críticos à qualidade

Uma vez que a Equipe de Ação em Qualidade tenha identificado os comportamentos críticos à qualidade, o próximo passo é identificar os fatores que influenciam estes comportamentos. A equipe procurará fatores no ambiente do local de trabalho que mostrem os comportamentos incorretos ou que não mostrem os comportamentos corretos dos colaboradores da linha de frente. A Equipe de Ação em Qualidade irá então desenvolver planos de ação para abordar estes fatores.

Dois tipos de fatores que influenciam os comportamentos críticos à qualidade são

• fatores do sistema;

• fatores de comunicação.

Fatores do sistema. Os fatores do sistema são elementos presentes no processo de trabalho, ambiente no local de trabalho, ou sistemas de organização, tais como fluxo de trabalho, equipamentos, materiais, procedimentos, treinamento e assim por diante que tornem difícil o desempenho do comportamento correto ou que tornem mais fácil o desempenho do comportamento errado.

A equipe de Ação em Qualidade procurará por causas presentes de comportamento insuficiente tais como estes:

1. O fluxo de trabalho pode ser melhorado.

2. Os procedimentos não estão claros.

3. A ergonomia das tarefas de trabalho pode ser melhorada.

4. O ritmo da produção ou tempo de trabalho está fora de sincronia com as tarefas

5. As ferramentas são difíceis de usar ou não estão disponíveis.

6. Os equipamentos não são apropriados ou não estão em bom estado de conservação.

7. Os materiais não estão disponíveis quando necessários ou é difícil trabalhar com eles.

8. Informações impressas ou digitais não estão disponíveis.

9. Os colaboradores da linha de frente não estão treinados ou precisam de treinamento adicional.

10. Não há sinais, lembretes visuais ou auxílios ao trabalho que motivem o comportamento desejado.

Por exemplo, uma grande cadeia multinacional de varejo tinha um problema de qualidade em um de seus centros de distribuição. Mercadorias incorretas estavam sendo enviadas para os clientes. Isto tinha um efeito negativo na base de clientes da marca e o custo era consideravelmente alto em tempo perdido com retornos e reenvio. A primeira assunção era que as pessoas que retiravam as mercadorias do almoxarifado estavam lendo a ordem de envio de maneira incorreta, que é uma folha com todas as mercadorias que devem ser carregadas na palete e colocadas na área de frete a ser enviado.

Após investigações mais detalhadas, nosso consultor descobriu que uma grande causa deste problema era que os turnos não tinham pessoas suficientes. O número de pessoas que separavam as mercadorias estava abaixo da quantidade necessária para fazer todo o trabalho que era necessário a cada dia. O pessoal existente tinha mais trabalho do que podia realizar em um ritmo extremamente alto, o que inevitavelmente resultava em erros forçados.

O consultor percebeu que os turnos não possuíam o número necessário de colaboradores, e pesquisou com mais detalhes para entender o motivo pelo qual o número de colaboradores era insuficiente. O Setor de Recursos Humanos não contratava no ritmo necessário para popular o setor? O consultor entrevistou os supervisores que afirmaram que o número certo de pessoas estava sendo contratado, mas um grande número interrompia o treinamento mesmo antes de ir para o trabalho.

O consultor depois entrevistou pessoas que haviam interrompido o treinamento e aqueles que ainda estavam no programa de treinamento. Neste momento o consultor descobriu o problema real: o treinamento era ineficaz. Os treinandos eram solicitados a fazer coisas para as quais não tinham conhecimento suficiente e cometiam erros. Os treinandos que deixaram o curso, o fizeram porque achavam que não estavam desempenhando-se corretamente e que o trabalho seria muito difícil para eles.

Com tantos treinandos deixando o treinamento, a companhia nunca tinha o número certo de colaboradores para fazer o trabalho. O pessoal de treinamento precisou desenvolver novamente uma sequência de aulas, o conteúdo do treinamento, e incentivar mais seus novos treinandos. Neste caso, eliminar o comportamento crítico à qualidade que produzia erros, significou analisar mais profundamente o ambiente de trabalho como um detetive.

Fatores de comunicação. Fatores de comunicação são as interações e conversas que deveriam estar acontecendo para fortalecer os comportamentos corretos. Os colaboradores da linha de frente devem desempenhar suas funções em um ambiente seguro, repleto de feedback que motive e perceba os comportamentos críticos à qualidade.

A Equipe de Ação em Qualidade procurará por estas causas dos comportamentos críticos à qualidade e assegurará que estejam ocorrendo:

1. A importância de realizar o comportamento crítico à qualidade tenha sido explicado e enfatizado.

2. Reuniões antes e depois do turno abordam o desempenho dos comportamentos críticos à qualidade.

3. Comportamentos críticos à qualidade são observados e os dados são coletados.

4. Supervisores realizam conversas individuais e em equipe, nas quais ouvem os colaboradores da linha de frente sobre os obstáculos que os impedem de fazer um trabalho de alta qualidade.

5. Gerentes em todos os níveis conversam com seus subordinados diretos para que incluam feedback com base em dados sobre comportamentos críticos à qualidade.

6. O feedback com base em dados, gráfico, é divulgado de modo que os colaboradores da linha de frente "conheçam sua pontuação" relativa aos comportamentos críticos à qualidade.

7. Gerentes em todos os níveis prestam atenção aos subordinados diretos quando os comportamentos e resultados melhoram.

8. A observação e feedback positivo estão presentes nos planos de ação, procedimentos e trabalho padrão.

9. Os colaboradores da linha de frente usam listas de verificação para observar seus próprios comportamentos.

10. As conversas que fornecem feedback mostram o impacto que os comportamentos críticos à qualidade têm nos resultados de qualidade.

O fator-chave de comunicação é o feedback com base em dados sobre o comportamento crítico à qualidade. Se não há feedback pela realização de comportamento crítico à qualidade, o comportamento não será mantido. Mas se você fornecer feedback positivo (o que significa que a pessoa recebendo o feedback o considere positivo) quando o colaborador realizar um comportamento crítico à qualidade, você fortalecerá o comportamento.

A Equipe de Ação em Qualidade identifica sistemas e fatores de comunicação que influenciam o comportamento crítico à qualidade e toma as ações apropriadas para assegurar que os sistemas e comunicação forneçam suporte e fortaleçam os comportamentos críticos à qualidade. E a Qualidade Baseada em Comportamento é exatamente isso!

O que aprendemos neste capítulo?

1. Uma Equipe de Ação em Qualidade é criada sempre no início de cada implementação da Qualidade Baseada em Comportamento.

2. Uma equipe com seis a oito membros é geralmente eficaz.

3. Os membros da Equipe de Ação em Qualidade devem ter boas habilidades de comunicação, conhecimento das iniciativas de qualidade existentes, conhecimento do processo de produção e funções departamentais, interesse em melhorar a qualidade, liderança natural, habilidade de trabalhar em equipe de modo eficaz, e credibilidade entre os colegas e gestão.

4. A Equipe de Ação em Qualidade prioriza os problemas de qualidade, identifica os comportamentos críticos à qualidade que resolverão estes problemas, e cria listas de verificação para a observação dos comportamentos críticos à qualidade.

5. A Equipe de Ação em Qualidade ensina os observadores como observar comportamentos críticos à qualidade e como fornecer feedback eficaz para quem os desempenha.

6. A Equipe de Ação em Qualidade monitora os aspectos do processo de Qualidade Baseada em Comportamento.

4 CRIANDO LISTAS DE VERIFICAÇÃO DE COMPORTAMENTO EFICAZES

Listas de verificação são ferramentas eficazes para dar suporte ao desempenho em quase qualquer ambiente, especialmente no local de trabalho. A utilização das listas de verificação garantem o excelente desempenho em uma grande variedade de indústrias. Cirurgiões, enfermeiras, pilotos, supervisores de construção— qualquer um que queira garantir que comportamentos importantes sejam realizados corretamente—prepara listas de verificação.

Infelizmente, as organizações tendem a usar listas de verificação para descobrir a quem culpar pela baixa qualidade. A palavra *auditar* é comumente associada com listas de verificação que procuram por erros e problemas. Felizmente nem todas as listas de verificação tem foco exclusivo em apontar culpa quando erros são encontrados, e quando usadas de modo construtivo, têm um impacto significativo na otimização de comportamentos no trabalho. Listas de verificação bem desenvolvidas que objetivem melhorar a qualidade descrevem exatamente os comportamentos corretos que as pessoas devem desempenhar para garantir resultados sólidos.

Listas de verificação eficazes são específicas

O objetivo do uso de listas de verificação na abordagem da Qualidade Baseada em Comportamento não é auditar as ações das pessoas para ver se fizeram algo incorretamente. A Qualidade Baseada em Comportamento está mais interessada no uso de listas de verificação como um guia para os colaboradores de linha de frente e para garantir que não omitam comportamentos críticos à qualidade ou os realizem fora da ordem. A lista de verificação foca no que fazer, e não somente no que não foi feito. Como você está desenvolvendo um processo para incentivar comportamentos e sequências corretas, você deve utilizar destaques específicos quando estiver gerando listas de verificação.

Antes de procurar alguns exemplos de boas listas de verificação, vamos verificar como as listas podem gerar comportamento ineficiente ou problemas. Uma empresa em particular tentava melhorar a produtividade no local de trabalho ao usar listas de verificação. Eles até criaram uma lista de verificação para os gerentes corporativos. Não é sempre que as organizações pedem aos gerentes que sigam a lista de verificação, embora esta seja uma boa ideia. O problema com a maioria das listas de verificação da gestão é que elas raramente descrevem comportamentos específicos. Mesmo as descrições dos objetivos de desempenho dos gerentes são frequentemente vagos.

A Figura 1 mostra uma lista de verificação de auto avaliação de um gerente sobre "Fornecimento de Instruções Organizacionais." O objetivo da lista de verificação é fornecer ao gerente alguns critérios relativos ao fornecimento de instruções para a

Fornecimento de instruções organizacionais	
Comportamentos	**Marcar**
1	Ajudar os outros a reconhecer o valor que as contribuições deles têm para a organização	
2	Assegurar que todos na unidade de trabalho entendam a visão e estratégia da organização	
3	Com os subordinados diretos, fomentar um senso de responsabilidade pessoal pelo sucesso da organização	
4	Tornar a visão e estratégia da organização parte das conversas regulares com a unidade de trabalho	
5	Comunicar a visão e estratégia da organização de um modo que outros considerem convincente	

Figura 1. Uma lista de verificação gerente de auto-avaliação em fornecer direção organizacional.

organização. Pense sobre o que você aprendeu no Capítulo 2 sobre destaque, e depois perceba como esta lista de verificação está mal orientada. Se você verificar os requisitos de desempenho, as frases-chave são extremamente vagas. Nenhuma ação é verdadeiramente especificada. O gerente precisa ter destacado estes comportamentos que descrevem especificamente como ajudar, incentivar, fomentar e comunicar.

Esta lista de verificação é um exemplo de como direções, instruções e objetivos de desempenho deixam os colaboradores da linha de frente — e até gerentes — totalmente confusos sobre o que devem fazer para serem bem sucedidos. As listas de verificação são usadas para muitos outros aspectos do trabalho na planta. Elas podem direcionar passo a passo os procedimentos diários para a fabricação, ou descrever procedimentos de

Lista de verificação de entrada em espaço confinado		
	Procedimentos	Marcar
1	Isolar a área de todos os perigos	
1a	Retirar o pessoal não autorizado do local de entrada	
1b	LOTO (isolar; identificar)	
1c	Bloqueio de entradas, etc	
2	Ventilar o espaço (se necessário)	
3	Preencher a permissão de entrada	
4	Avaliar o espaço	
5	Testar a atmosfera	
5a	Colocar as leituras de atmosfera na permissão	
5b	Colocar a permissão preenchida no espaço confinado	
6	Entrar no espaço e realizar o trabalho	
6a	O Supervisor está disponível?	
6b	Ajudante na entrada do local	
6c	Arnês	
6d	Equipamento de proteção individual (EPI) exigido	
6e	Atmosfera reteste conforme necessário/exigido	
7	Quando o trabalho foi feito:	
7a	Retirar todo o pessoal, ferramentas, detritos do local	
7b	Fechar o espaço	
7c	Encerrar a permissão	
7d	Analisar o trabalho com o supervisor (perigos, etc)	
8	Arquivar a permissão preenchida e encerrada	

Figura 2. Uma lista de verificação de segurança procedimento de entrada em espaços confinados

manutenção que são programados a cada seis meses. Em ambos os casos, elas são importantes para manter os comportamentos críticos à qualidade no caminho certo e em sequência.

As listas de verificação também podem ajudar a reduzir ferimentos e incidentes. Os profissionais de segurança frequentemente criam uma análise de perigo da tarefa no formulário da lista de verificação para descrever como realizar um trabalho corretamente e evitar incidentes. Em ambientes dinâmicos, as tarefas perigosas são gerenciadas com uma ou mais listas de verificação de preparação. Por exemplo, os procedimentos preventivos de segurança para o trabalho com Entrada em espaço confinado estão colocados na lista de verificação. Com frequência um colaborador designado como "auxiliar" está adequadamente treinado e é responsável por manter em observação todos aqueles que entram no espaço confinado, por manter comunicações com os que estão dentro do espaço, e por iniciar os procedimentos de emergência no caso de um incidente ocorrer.

A lista de verificação do procedimento de segurança para Entrada em Espaço Confinado na Figura 2 é um exemplo de uma lista de verificação com alguns itens que não foram destacados. Esta lista de verificação pode ser perigosa porque muitos itens são vagos e não descrevem o que precisa ser feito. A Equipe de Ação em Qualidade poderia tornar esta lista mais eficaz. Veja como alguns dos comportamentos na lista de verificação não estão claros e deixam margem a mais de uma interpretação sobre o comportamento a ser desempenhado.

Considere, por exemplo, o item no. 5 da lista de verificação — Testar a atmosfera. Para garantir que a atmosfera seja testada propriamente, a frase "Testar a atmosfera," deve ser desmembrada em comportamentos específicos necessários para realizar a tarefa de modo apropriado. Para colocar esta tarefa em perspectiva, a Administração de Segurança Ocupacional e Administração de Saúde de Michigan tem um documento de 24 páginas intitulado "Diretrizes para Desenvolver um Programa Escrito para Permissão necessária de entrada em espaço

Confinado." Certas tarefas, especialmente quando estamos lidando com ambientes dinâmicos e perigosos, requerem listas de verificação específicas e robustas. Imagine se sua empresa tratasse a qualidade com a mesma dedicação.

O documento da Administração de Segurança Ocupacional e Administração de Saúde de Michigan inclui muitas listas de comportamentos a serem desempenhados pelo empregador, supervisor, auxiliar, e colaboradores da linha de frente que trabalharão no espaço confinado. Uma pequena seção refere-se à avaliação da atmosfera:

Avalie as condições do espaço confinado conforme abaixo:

- *Antes da entrada, teste as condições no espaço da permissão para determinar se condições de entrada aceitáveis estão presentes; se necessário, monitore continuamente as condições de entrada quando os operadores estiverem trabalhando.*

- *Teste ou monitore o espaço da permissão conforme necessário para garantir que as condições de entrada sejam mantidas.*

- *Quando testar atmosferas perigosas, teste primeiro o oxigênio, depois gases e vapores combustíveis e depois substâncias tóxicas.*

- *Permita que os operadores observem qualquer pré-entrada, teste ou monitoramento subsequente dos espaços da permissão.*

- *Reavalie o espaço da permissão quando solicitado pelo operador*

- *Forneça imediatamente a cada operador, os resultados de quaisquer testes realizados.*

A comparação das duas listas de verificação demonstra os benefícios de destacar os comportamentos na lista de verificação especificamente. A tarefa da Equipe de Ação em Qualidade é garantir que qualquer lista de verificação dos comportamentos críticos à qualidade sejam escritos com um alto nível de clareza. A clareza e simplicidade garantirão que todos os destaques na lista de verificação sejam realizados conforme necessário.

Quando utilizar listas de verificação críticas à qualidade

Em quais situações as listas de verificação críticas à qualidade podem ser úteis? A resposta simples é, sempre que o comportamento for essencial à qualidade e estes comportamentos não sejam realizados de modo consistente e corretamente por todas as pessoas. Abaixo estão algumas situações específicas nas quais as listas de verificação são particularmente eficazes:

- **Quando os processos requerem múltiplos comportamentos.** Quando um processo requer um conjunto ou conjuntos de comportamentos, uma lista de verificação pode garantir que os colaboradores da linha de frente não omitam ou ignorem os comportamentos críticos à qualidade.

- **Quando o comportamento deve ser consistente para todos os colaboradores da linha de frente, equipes ou turnos.** Um dos desafios mais frustrantes de qualidade é a consistência nos comportamentos. A resposta à pergunta "Todos estão fazendo o que precisa ser feito para garantir a qualidade?" frequentemente é, "Alguns sim, outros não," ou "Isso depende de como você olha." Nestes casos, uma lista de verificação pode ajudar a produzir desempenho consistente ao especificar um conjunto uniforme de comportamentos para todos os colaboradores da linha de frente.

- **Quando um processo é alterado.** Os problemas de qualidade são frequentemente criados quando um produto é recriado e novos equipamentos precisam ser acrescentados ou velhos equipamentos precisam ser customizados. Os colaboradores da linha de frente precisam fazer suas tarefas de modo diferente para garantir a qualidade. A necessidade de um novo comportamento no trabalho geralmente resulta em taxas maiores de erro porque os colaboradores da linha de frente estão acostumados a fazer as coisas do modo antigo. As listas de verificação especificam os novos comportamentos essenciais que um novo processo requer.

- **Quando novos colaboradores da linha de frente entram no processo de trabalho.** Novos colaboradores da linha de frente introduzem uma alta probabilidade de erros comportamentais em um processo. A falta de familiaridade deles com as habilidades de trabalho, ritmo mais lento de trabalho, e a inexperiência ao lidar com desafios, cria um obstáculo para resultados fluidos e confiáveis de qualidade. As listas de verificação rapidamente orientam novos colaboradores da linha de frente sobre os comportamentos que eles devem desempenhar, os ajuda de modo eficiente a familiarizarem-se com o processo, e podem até ajuda-los a saber o que fazer no caso de um raro contratempo na linha (ao invés de contar com iniciativa e erro para ajudá-los a tornarem-se mais experientes). As listas de verificação também permitem que colaboradores experientes treinem melhor seus novos colaboradores para o trabalho.

- **Quando um ciclo constante de redirecionamento e re-treinamento ocorre.** As vezes os gerentes repetidamente instruem e pedem aos colaboradores da linha frente para desempenharem-se melhor, e agenda treinamentos com bastante frequência. Quando um ciclo sem fim de comportamento—redirecionamento—re-treinamento abaixo do padrão ocorre, uma lista de verificação de comportamento é a solução. As listas de verificação de comportamento determinam o padrão de desempenho e permitem feedback sobre o comportamento real.

- **Quando os comportamentos são realizados de modo descontinuado.** Se os colaboradores da linha de frente não realizarem tarefas regularmente, podem não lembrar dos passos corretos para executar a ação, e podem não realizá-la do modo correto. As tarefas anuais de manutenção estão em risco por motivos de qualidade se uma lista de verificação não for usada. O colaborador do setor de manutenção realizará as ações críticas à qualidade se ele(a) não tiver que confiar na memória desde a última vez em que estas ações foram realizadas. O mesmo acontece com emergências raras. É claro que é crítico responder imediatamente à uma emergência, que é o motivo pelo qual treinamos as pessoas para estarem preparadas para responder. Quando incidentes sérios ocorrem, tais como um vazamento de óleo ou incêndio na fábrica, é uma ótima ideia que o gerente use uma lista de avaliação instruindo os colaboradores da linha de frente e os primeiros socorristas.

Listas de verificação críticas à qualidade curtas e longas

Listas de verificação críticas à qualidade irão variar em tamanho dependendo do número de comportamento que causem o problema de qualidade. As vezes a Equipe de Ação em qualidade descobrirá que os problemas de qualidade estão relacionados com três a cinco comportamentos críticos à qualidade, e obviamente as listas de verificação serão mais curtas. Mas as

Lista de verificação de início de trabalho		
Passos na ordem		**Marcar**
1	Encarregado obtém instruções de trabalho escritas com base nas instruções do Supervisor	
2	O encarregado conduz análise pré-tarefa e reunião de análise de segurança do trabalho com a equipe	
3	O encarregado analisa os registros de solda e verifica o status das soldas (soldas por pontos, solda externa, etc)	
4	O encarregado obtém instruções das sequências de trabalho com base em instruções escritas e desenhos	
5	O encarregado revisa as especificações do procedimento de solda para fins de precisão	
6	O encarregado analisa o registro de solda para verificar o trabalho anterior (completo, preciso, aprovado) e a escala de solda para escolher um soldador qualificado	
7	O encarregado designa o soldador e emite ordem para vareta de solda (soldadores verificam antes para ver se está correto)	
8	Soldador retira vareta de solda do almoxarifado	
9	Soldador retorna e prepara máquina	
10	De acordo com a instrução do encarregado, o soldador pré-aquece conforme necessário e inicia a solda	
11	O encarregado verifica o trabalho com frequência	
12	O Soldador verifica a solda completa, e o encarregado verifica a solda, e chama o controle de qualidade para fazer a inspeção	

Figura 3. Uma lista de verificação de início de trabalho na produção que mostra os passos de comportamento que devem ser seguidas na ordem certa

vezes a Equipe de Ação em Qualidade identificará 10 ou mais comportamentos que precisam ser desempenhados de modo

Lista de verificação de qualidade na fabricação	
Comportamentos	Marcar
1	Operador usa EPI básico consistindo de óculos de segurança, protetores auriculares, e calçados de segurança durante todo o turno	
2	Operador atualiza os registros de inspeção dentro dos prazos especificados na folha de instrução de inspeção	
3	O operador confirma que ele(a) sabe como realizar todas as medições necessárias na Folha de Inspeção	
4	O operador preenche a Folha de Automanutenção de acordo com a frequência necessária	
5	O operador confirma o conhecimento de como realizar toda a automanutenção necessária pela Folha de Automanutenção	

Figura 4. Uma lista de verificação mostrando tanto o comportamento relacionado com a segurança e críticas para a qualidade comportamentos

correto para garantir a qualidade. Quando erros ocorrem em uma grande variedade de comportamentos, uma lista mais longa será necessária para garantir um processo de qualidade melhor.

A Lista de verificação na Figura 3 é um exemplo de uma situação na qual um conjunto de passos comportamentais deve ser seguido na ordem certa para garantir a qualidade. Nestas instalações de fabricação de aço, a qualidade na primeira vez requer que os soldadores sigam instruções precisas quanto aos procedimentos, materiais, qualificações do soldador, documentação entre outros. O modo mais certo de alcançar a qualidade é a equipe de produção seguir a ordem exata dos passos necessários para iniciar o trabalho no início de um turno. A equipe de produção utiliza a lista para garantir que nenhum comportamento inicial seja omitido. Por sua vez, o cumprimento integral desta lista de verificação é por si só um comportamento de qualidade que a equipe comprometeu-se a realizar 100 por cento do tempo. Esta lista de verificação também demonstra um exemplo no qual um encarregado e um colaborador da linha de frente trabalham em equipe para melhorar a qualidade.

Combinação de comportamentos críticos à qualidade e comportamento de segurança em uma lista de verificação

A lista de verificação na Figura 4 vem de uma planta de fabricação de equipamentos onde implementamos a abordagem de Qualidade Baseada em Comportamento. A lista é um exemplo de lista de verificação mais curta preenchida por um operador e acrescentando um comportamento relativo à segurança aos comportamentos críticos à qualidade. Pudemos integrar facilmente os comportamentos de segurança e os comportamentos de qualidade em uma lista de verificação. O Equipamento de Proteção Individual (EPI) é acrescentado à este exemplo porque "colocar o EPI antes de iniciar o trabalho" era um conjunto de comportamentos que não era realizado regularmente na planta, e ferimentos estavam ocorrendo.

Seleção dos comportamentos mais críticos à qualidade

A lista de verificação na Figura 5 é um exemplo retirado de uma companhia aérea bem sucedida. Empresas aéreas possuem vários critérios relativos à qualidade para garantir que a experiência de voo dos passageiros seja excepcional. Cada segmento do serviço da companhia aérea é responsável por comportamentos de atendimento ao cliente. Os colaboradores da linha de frente nos

Lista de verificação para qualidade da aparência da cabine		
Cabine principal		**Marcar**
1	Inspecionar portas dos compartimentos de bagagem quanto à limpeza e impressões digitais	
2	Retirar o lixo e poeira do interior dos compartimentos	
3	Levantar os descansos de braço e limpar embaixo deles; retirar quaisquer marcas	
4	Checar descansos de braço e garantir que estejam limpos e sem marcas	
5	Inspecionar a tela do serviço de entretenimento a bordo e remover marcas de mão, manchas e arranhões	
6	Abrir bandejas e retirar marcas ou manchas	
7	Retirar quaisquer manchas das paredes, janelas e persianas das janelas	
8	Inspecionar os encostos brancos; sem marcas	
9	Verificar bolso do assento para ver o cartão de segurança, guia vermelho e bolsa de enjoo de viagem e reabastecer, se necessário	
10	Limpar manchas e retirar sujeira dos assentos	
11	Aspirar as áreas com carpete	
12	Retirar todo o lixo de entre os assentos, nos assentos e nas bolsas dos assentos	

Figura 5. Lista de verificação de comportamentos para a qualidade da companhia aérea aparência cabine

alcões de passagem, agentes nos portões de embarque e comissários de bordo interagem com os passageiros constantemente, e toda grande companhia aérea esforça-se para melhorar a qualidade do atendimento ao cliente constantemente.

As equipes que limpam as cabines têm uma lista muito longa de comportamentos a desempenhar. As empresas aéreas sabem que a satisfação dos passageiros é influenciada pela limpeza da cabine e o ambiente em volta de seus assentos.

Nesta situação, nosso consultor analisou a longa lista, e através das entrevistas com a gestão, colaboradores e passageiros, identificou os comportamentos críticos à qualidade que não estavam sendo realizados satisfatoriamente. A Figura 5 é a lista longa de comportamentos destacados para a limpeza e inspeção da cabine principal.

Após analisar os estudos dos passageiros, o consultor identificou os cinco comportamentos críticos à qualidade da lista acima:

- Abrir as mesas e remover marcas ou manchas.

- Remover manchas da parede lateral, janela e persiana.

- Remover manchas e farelos dos assentos.

- Aspirar as áreas de carpete.

- Retirar todo o lixo entre os assentos, nos assentos e bolsos das poltronas.

Analisar todos os comportamentos que um colaborador da linha de frente pode desempenhar para selecionar os poucos comportamentos ligados à resolução de um problema de qualidade específico, é a função chave que a Qualidade Baseada em Comportamento introduz nas iniciativas de qualidade organizacionais. Em algumas listas de verificação, cada item listado é importante; selecionar um ou dois é impossível. No trabalho de um colaborador da linha de frente, há centenas de comportamentos, mas 95 por cento do tempo somente alguns poucos podem ser diretamente ligados ao problema de qualidade.

Neste capítulo, uma grande variedade de problemas na lista de verificação crítica à qualidade foi abordada. Estes vários exemplos ajudarão a Equipe de Ação em Qualidade a adaptar as listas de verificação às diferentes situações em sua planta. A primeira parte deste livro focou em como identificar os comportamentos críticos à qualidade e criar listas de verificação que permitem que os colaboradores sejam observados corretamente, realizem auto avaliações e resolvam problemas de qualidade juntamente com a Equipe de Ação em Qualidade.

Para fornecer feedback significativo à um colaborador da linha de frente, um sistema de medição deve ser desenvolvido usando os dados da lista de verificação. Estes dados serão também importantes para compartilhar com grupos de trabalho e até com a planta como um todo, para ver quão bem a organização atende os pontos de referência de qualidade. Os próximos capítulos mostrarão como criar medições significativas e como recompensar as realizações significativas de comportamentos críticos à qualidade.

O que aprendemos neste capítulo?

1. As listas de verificação são ações importantes que devem ser realizadas para garantir um resultado de desempenho.

2. Os itens da lista de verificação devem ser muito específicos para garantir que sejam desempenhados exatamente conforme requisitado.

3. As listas de verificação críticas à qualidade são compostas de comportamentos específicos que são essenciais para o resultado de qualidade.

4. Os comportamentos seguros e comportamentos críticos à qualidade podem ser incorporados à uma lista de verificação.

5. As listas de verificação fornecem informações quantitativas que permitem que as pessoas recebam feedback positivo e informações para melhoria

5 COLETA E ANÁLISE DA DADOS COMPORTAMENTAIS

Uma vez que a Equipe de Ação em Qualidade tenha identificado os comportamentos críticos à qualidade e tenha criado as listas de verificação de comportamento, a próxima tarefa é coletar dados sobre a frequência com a qual estes comportamentos críticos à qualidade estejam realmente ocorrendo.

Um de nossos consultores teve a sorte de ser contratado por uma cervejaria. Enquanto participava de uma oficina, ensinando um grupo de supervisores da linha de frente, ele descreveu o que era comportamento e o fato de que ele é visível ou ouvido e pode ser contado.

Ao final da conversa, o consultor pediu um intervalo de 15 minutos e estava prestes a sair quando um supervisor chamado Carl levantou sua mão. O consultor disse, "Sim, Carl." Carl disse, "Você sabia que nos últimos 30 minutos você colocou e tirou suas mãos dos bolsos da frente 35 vezes?" O consultor ficou surpreso com o fato de que o supervisor tinha um exemplo tão bom de contagem de comportamento—mesmo que às suas custas.

Ele afirmou, "Isso é ótimo, Carl. Você aprendeu a contar o comportamento visível bem rápido." Carl disse, "E você usou a expressão verbal 'Seja como for,' 27 vezes." O consultor comportamental ficou feliz que alguém tenha aprendido tão rápido que o comportamento verbal — o que as pessoas dizem — também pode ser contado. O consultor disse, "Não aplicamos notas de rendimento nesta oficina, mas se aplicássemos, você receberia um *A+*."

Carl estava divertindo-se com o consultor, mas mostrou que havia aprendido as três habilidades essenciais para a mudança de comportamento: destacar comportamentos específicos que são observáveis e contáveis, contar e registrar a frequência destes comportamentos e apresentar os dados para o colaborador da linha de frente como feedback.

A medição de comportamentos críticos à qualidade é essencial para a melhoria

A coleta de dados sobre comportamentos é o marco da abordagem comportamental e essencial para os mais altos níveis de sucesso. Por que a coleta de dados sobre comportamento é tão importante? Há várias razões, mas é importante notar que contar com impressões subjetivas sobre com que frequência o comportamento esteja ocorrendo é com frequência muito impreciso. A abordagem de Qualidade Baseada em Comportamento é baseada em ciência, e usa a medição de comportamento para tomar decisões. Rastrear uma lista de comportamentos críticos à qualidade destacados tem muitos benefícios para a organização, o cliente, e o indivíduo que a realiza.

1. **Dados comportamentais permitem análise com base em fatos**. Após identificar comportamentos críticos à qualidade, a próxima pergunta é, "Com que frequência estes comportamentos estão ocorrendo?" A resposta comum à esta pergunta não é baseada em medição, porque a maioria das organizações foca somente nos resultados ao invés de nos dados sobre os comportamentos que produzem estes resultados. As decisões são frequentemente uma coleta de adivinhações, crenças e assunções. Os dados comportamentais reais colocará a Equipe de Ação em Qualidade em contato com fatos reais. Os dados comportamentais permitem que a Equipe de Ação em Qualidade saiba exatamente com que frequência os comportamentos críticos à qualidade estão ocorrendo e se os comportamentos são realizados com consistência. Isto também permitirá uma comparação entre os colaboradores da linha de frente, grupos de trabalho, turnos e plantas de trabalho.

2. **Dados comportamentais são os *principais indicadores práticos***. Grande parte da resolução de problemas organizacionais é reativa. Resultados ruins são encontrados, e a organização depois "olha no espelho retrovisor" para entender porque os maus resultados ocorreram. Este tipo de resolução de problema é olhar para o histórico e entender os problemas que já haviam ocorrido. Em contrapartida, os dados comportamentais são os *principais indicadores* porque os dados medem que impacto o comportamento proativo pode causar nos resultados finais. A observação dos dados comportamentais permite que a organização detecte os problemas cedo, e permita que estes influenciem o

comportamento para evitar os problemas e melhorar os resultados.

3. **Dados comportamentais permitem feedback eficaz.** Com os dados comportamentais em mãos, os gerentes e supervisores podem ter conversas mais eficazes com os colaboradores da linha de frente sobre como eles estão desempenhando-se. Com frequência, o modo mais simples de alterar o comportamento é fornecendo feedback com base em fatos para as pessoas sobre seus comportamentos no trabalho. Os dados comportamentais dão aos gerentes e supervisores as ferramentas para que tenham conversas reais sobre o trabalho que o colaborador da linha de frente desempenhou. Além disso, os gerentes podem comentar sobre quaisquer comportamentos voluntários, positivos que o colaborador da linha de frente tenha realizado em que melhorou a qualidade, e as mudanças comportamentais que são necessárias para aumentar a melhoria.

4. **Dados comportamentais mostram tendências.** Os colaboradores da linha de frente alterarão seus comportamentos gradualmente. Portanto é essencial "ver as pessoas melhorando" ao descobrir e reconhecer melhorias prematuras em tendências de dados. Os dados numéricos sobre comportamento permitem que os gerentes vejam e reconheçam as melhorias sutis, porém reais que estão na direção certa.

5. **Dados comportamentais conectam as pessoas à qualidade.** Iniciativas de melhoria em qualidade tais como Lean e Six Sigma não atendem todas as expectativas quando falham ao abordar o comportamento sistematicamente. O slogan admirável de qualidade "Não culpe a pessoa, conserte o processo!" pode levar à ignorar o lado das pessoas e

negligenciar os comportamentos que ajudam ou prejudicam a qualidade. Os dados comportamentais permitem que os colaboradores da linha de frente vejam suas contribuições à qualidade. Os dados comportamentais mostram aos colaboradores da linha de frente como as mudanças em seus comportamentos podem realmente influenciar mudanças na qualidade.

Introdução da abordagem comportamental para obter dados de segurança "proativos"

Aqueles que buscam melhorar a qualidade podem beneficiar-se do aprendizado de como os profissionais de segurança medem o comportamento para reduzir as taxas de ferimentos no trabalho. Tradicionalmente, a gestão de segurança contava com as medições dos resultados finais para rastrear o progresso positivo ou indicar problemas, tais como ferimentos registráveis. A abordagem comportamental foi introduzida porque as análises de ferimentos indicaram que o comportamento contribuiu para ferimentos de 70 a 80 por cento do tempo.

A medida que os gerentes de segurança analisaram os dados dos ferimentos, eles observaram que os colaboradores da linha de frente sofreram certos tipos de ferimentos com mais frequência do que outros. Quando eles analisavam o incidente e relatórios de investigação de ferimentos, observaram que a maioria dos colaboradores da linha de frente ferido realizavam um comportamento inseguro que resultou no ferimento. Em quase todos os incidentes, um comportamento inseguro foi realizado ao invés de um comportamento seguro. Os profissionais de segurança sabiam que aumentar a frequência dos comportamentos seguros reduziria dramaticamente os acidentes registráveis e com afastamento. Em Qualidade Baseada em

Comportamento, propomos a mesma ideia para acelerar comportamentos críticos à qualidade durante a produção.

Empresas pioneiras e psicólogos comportamentais desenvolveram um sistema bem sucedido para melhorar o comportamento em segurança. O principal componente do sistema é treinar os colaboradores da linha de frente para observar seus colegas no trabalho por períodos breves de tempo utilizando uma lista de verificação de "comportamentos seguros." Os comportamentos que eram selecionados para a lista de verificação são aqueles que os colaboradores da linha de frente mais frequentemente não realizam e que, consequentemente, resultam em ferimentos. Com frequência, estes são comportamentos simples, tais como não utilizar óculos de segurança, não prender a proteção contra queda, ou não desenergizar a máquina (chamado de isolamento – identificação "lockout-tagout").

Aplicar esta fórmula comportamental à prevenção de ferimentos produziu uma média de 30 a 50 por cento de redução nos ferimentos no primeiro ano. Estes dados são baseados em pesquisas internacionais, com base em evidência em centenas de implementações de Segurança Baseada em Comportamento. É importante mencionar também que a abordagem comportamental para gerenciar o desempenho humano tem sido usada para melhorar resultados em plantas de trabalho em todas as funções organizacionais possíveis. O poder da abordagem comportamental é a fundação da Qualidade Baseada em Comportamento.

Observação e medição do comportamento crítico à qualidade

Para preparar para a observação e medição de comportamentos críticos à qualidade, a Equipe de ação em Qualidade decidirá:

- com que frequência as observações serão feitas;

- quem fará as observações;

- o plano para rastrear o processo de observação e feedback.

Determinação da frequência das observações. Uma boa regra geral é que cada pessoa deve ser observada e receber feedback *pelo menos uma vez por semana* sobre o comportamento crítico à segurança, seja individualmente ou como parte de um grupo de trabalho. As observações e feedback podem precisar ocorrer mais frequentemente, dependendo de com que frequência espera-se que o comportamento crítico à qualidade seja realizado no processo de trabalho e se o comportamento é novo e desconhecido das pessoas que o realizam.

Decisão sobre quem fará as observações. A Equipe de Ação em Qualidade poderá propor que as observações a serem feitas pelos membros da Equipe de Ação em Qualidade, observadores de Segurança Baseada em Comportamento, supervisores, engenheiros, colegas e/ou aqueles que os realizam. A Equipe de Ação em Qualidade podem recomendar que os observadores sejam voluntários ou que a observação torne-se parte do trabalho padrão de um grupo em particular. A proposta da Equipe de Ação em Qualidade será baseada no número de observadores necessários para completar o número total desejado de observações, o conhecimento necessário para observar, e os desafios práticos de realizar tais observações.

Criação de um plano para rastrear as observações e feedback. Em cada turno, uma pessoa designada deverá coletar as listas de verificação preenchidas e coloca-las em uma cesta de entrada. Um membro da Equipe de Ação em Qualidade que tenha se oferecido como voluntário para coletar as listas de verificação lançam todos os dados observacionais em uma planilha ou banco de dados. A planilha ou banco de dados acumulará os dados de observação, dia a dia, lista por lista. A chave é ter um registro acumulado do número total de observações em um grupo de trabalho, para que possa ser analisado, mostrado para os colaboradores da linha de frente e usado para a tomada de decisões.

O resultado do planejamento observação - feedback deve ser uma meta para o número total de observações por semana, uma lista dos observadores e suas metas individuais de observação por semana, e um plano para coletar as listas de verificação de observações e resumo dos dados.

Observações do supervisor e observador

Se houver um processo de Segurança baseado em Comportamento existente no local, os comportamentos críticos à qualidade podem ser inseridos nas listas de verificação da observação de segurança. Os observadores de Segurança Baseada em Comportamento podem então verificar os comportamentos críticos à qualidade durante as observações de segurança.

Se esperarmos que o comportamento crítico à qualidade ocorra em momentos previsíveis que um observador possa antecipar, então as observações do observador ou supervisor são realistas. As observações requerem que os colaboradores da linha de frente, quer estejam trabalhando em sequência ou em conjunto, concordem em permitir que a observação ocorra. Este assunto pode ser apresentado pela Equipa de Ação em Qualidade ou o supervisor da área. Se for esclarecido que estes dados não serão usados negativamente, a probabilidade de que eles irão cooperar é bem alta.

Para registrar os dados, o supervisor ou colega tem que verificar fisicamente o comportamento na lista de verificação. As listas de verificação devem ser divulgadas em locais visíveis; elas funcionam como lembretes para o colaborador da linha de frente manter sua mente alerta para o comportamento crítico à qualidade. Como cada organização é de algum modo diferente no que diz respeito aos níveis de confiança entre o supervisor e o colaborador da linha de frente e entre colaboradores em si, estabelecer protocolos de observação pelo supervisor e por colegas é uma escolha que depende de cada local.

Auto-observação

Ao utilizar a auto-observação, os colaboradores da linha de frente preenchem eles mesmos a lista de verificação quando realizam os comportamentos, nos intervalos para descanso, durante o almoço ou no fim do dia. A Auto-observação é particularmente útil quando o preenchimento da lista de verificação auxilia as pessoas na realização de comportamento crítico à qualidade, quando for difícil prever o momento certo do comportamento crítico à qualidade, ou quando for fisicamente incômodo para um observador ver o comportamento.

Os dados da auto-observação provaram ser confiáveis. Nossa experiência e estudos disponíveis mostram que na maioria do tempo as pessoas irão registrar corretamente os seus comportamentos na lista de verificação. Algumas vezes os gerentes preocupam-se com o fato de que os colaboradores da linha de frente passam pela lista rapidamente sem fornecer um relatório real. No processo positivo de Qualidade Baseada em Comportamento, os colaboradores da linha de frente têm bastante tempo e incentivo para preencher as listas de verificação corretamente. Não há ameaça de punição se os dados auto registrados na lista indicarem baixa qualidade.

A chave para criar um processo comportamental confiável, de auto verificação é fornecer ao colaborador da linha de frente o reconhecimento positivo por preencher a lista. Não critique a qualidade, preenchimento ou comportamentos não marcados. Os colaboradores da linha de frente devem sentir-se confortáveis de que estão somente documentando seus comportamentos de trabalho e não "delatando a si mesmos." Quando os gerentes recebem estes relatórios, respondem positivamente com honestidade, mantém conversas abertas e honestas sobre as causas de baixa qualidade e depois desenvolvem planos para promover melhorias.

Análise de dados da lista de verificação

A Equipe de Ação em Qualidade irá desejar analisar os dados das observações para responder a três perguntas:

1. As observações estão realmente ocorrendo conforme planejado?

2. Qual é a porcentagem das observações nas quais os comportamentos críticos à qualidade foram observados ocorrendo conforme desejado?

3. Se as observações estão ocorrendo, e se os comportamentos críticos à qualidade em si estão ocorrendo, há uma melhoria ligada à estes nos resultados de qualidade?

A Equipe de Ação em Qualidade identificou os comportamentos críticos à qualidade como ações essenciais para os resultados de qualidade. A lista de verificação de observação preenchida é a evidência de que os comportamentos críticos à qualidade foram realizados. Portanto a primeira análise dos dados de observação é a contagem do número total de observações por período de tempo (tais como por semana) em cada grupo de trabalho. O ideal é que a proporção entre observações reais e planejadas a cada semana seja de 100 por cento, é claro. A Equipe de Ação em Qualidade deve beneficiar-se de saber quantas observações foram feitas para fins de feedback e reconhecimento. A segunda análise é em que porcentagem das avaliações os comportamentos críticos à qualidade foram observados ocorrendo?

A análise final é a comparação entre o número de comportamentos críticos à qualidade realizados e os resultados de qualidade. Se a Equipe de Ação em Qualidade selecionou os comportamentos críticos à qualidade corretos, então um aumento destes comportamentos deve gerar uma melhoria relativa nos resultados de qualidade.

Divulgação dos dados para grupos de trabalho em cada departamento

Cada supervisor deve ter conhecimento sobre o progresso de seu departamento. O supervisor deve divulgar os dados sobre quantas observações foram preenchidas em um quadro de avisos para que os colaboradores da linha de frente possam ver seus progressos nas auto avaliações. Além disso, o supervisor também é responsável por mencionar as melhorias para os indivíduos e grupos de trabalho que estão fazendo progressos. Todos os níveis de gestão devem fazer declarações positivas sobre o progresso em todas as oportunidades. O próximo capítulo descreverá estas Conversas sobre Qualidade Comportamentais.

O que aprendemos neste capítulo?

1. Uma vez que a Equipe de Ação em Qualidade tenha identificado os comportamentos críticos à qualidade e criado as listas de verificação de comportamento, a próxima tarefa é coletar dados sobre a frequência com a qual estes comportamentos críticos à qualidade estão realmente ocorrendo.

2. Os dados comportamentais são essenciais para a melhoria de qualidade. Os dados comportamentais permitem análises com base em fatos, são os principais indicadores práticos, permitem feedback eficaz, mostram tendências e conectam as ações das pessoas aos resultados de qualidade.

3. A Equipe de Ação em Qualidade decide com que frequência as observações serão feitas, quem observará, e como o processo de observação e feedback será rastreado.

4. Uma regra geral é que cada pessoa deve ser observada e receber feedback sobre comportamentos críticos à qualidade pelo menos uma vez por semana.

5. As observações podem ser feitas pelos membros da Equipe de Ação de Qualidade, observadores de Segurança Baseada em Comportamento, supervisores, engenheiros, colegas ou as pessoas que realizam as funções em si.

6 CONVERSAS SOBRE QUALIDADE BASEADA EM COMPORTAMENTO

Uma vez que as equipes estejam usando as listas de verificação de comportamentos críticos à qualidade, o próximo passo da Equipe de Ação em Qualidade é incentivar os gerentes de todos os níveis a comunicarem-se de modo eficaz com os colaboradores da linha de frente sobre os comportamentos. Quando os gerentes usam a oportunidade para ter uma conversa sobre comportamentos críticos à qualidade com os colaboradores, eles também têm a oportunidade de conversar sobre outros tópicos sobre o trabalho e desempenho do colaborador. Chamamos estas conversas longas de Conversas sobre Qualidade Baseada em Comportamento, e elas são cruciais para acelerar a qualidade em uma organização. Por que conversar com os colaboradores da linha de frente sobre os comportamentos críticos à qualidade é tão importante? A pesquisa mostra que as conversas que os supervisores têm com seus colaboradores fazem uma enorme diferença no desempenho dos mesmos.

Judy Komaki, uma renomada psicóloga comportamental realizou extensas pesquisas com relação ao efeito que o comportamento supervisório tem no desempenho dos colaboradores da linha de frente. Ela queria saber o que os supervisores mais eficazes fizeram para incentivar os altos níveis de desempenho. Komaki observou e categorizou as conversas dos supervisores com os colaboradores da linha de frente por centenas de horas e depois identificou a eficácia de cada supervisor de acordo com os resultados de desempenho em seus departamentos. Finalmente, ela comparou as conversas de seus supervisores com os colaboradores com melhor desempenho com as conversas dos supervisores com os colaboradores com os desempenhos mais baixos.

Komaki descobriu que os supervisores e gerentes que frequentemente interrompiam, olhavam, ouviam e falavam com os colaboradores sobre o progresso deles tinham unidades com melhor desempenho do que os que não faziam isso. Os melhores gerentes param e conversam com os colaboradores da linha de frente com mais frequência do que os gerentes com baixo desempenho. Além disso, os melhores gerentes observam cada colaborador enquanto trabalham, e fazem perguntas sobre o progresso. A interação com o colaborador da linha de frente também fornece mais oportunidades para o supervisor fazer comentários positivos ou corretivos sobre o desempenho dos colaboradores.

O estudo de Komaki criou um modelo para treinamento em desempenho. Tradicionalmente, as expectativas para as interações do supervisor com os colaboradores eram limitadas ao fornecimento de instruções. O estudo dela determinou cientificamente um novo paradigma para o papel supervisório. O estudo de Komaki indica que os supervisores mais bem sucedidos assumem um papel de "orientação" com os colaboradores. Uma conversa que envolta orientação requer passar algum tempo conversando com eles sobre suas experiências de trabalho diárias, e podem ser produtivas de várias maneiras. Um grande resultado destas conversas de orientação é que os supervisores tomam conhecimento com antecedência, se há problemas relativos às máquinas, processos, materiais, recursos ou quaisquer outros fatores que possam influenciar a qualidade do produto. Além disso, estas conversas criam uma atmosfera confortável para o supervisor e colaborador da linha de frente terem uma conversa equilibrada sobre o trabalho.

Conversas sobre Qualidade Baseada em Comportamento

O valor das conversas de orientação depende da qualidade das interações. O tom da conversa deve refletir que ela é entre dois colegas conversando sobre o trabalho. Os colaboradores da linha de frente querem que seus supervisores estejam realmente interessados no trabalho deles, e quando os supervisores expressam o seu interesse, isso não somente tem um impacto positivo no relacionamento, mas na qualidade do trabalho também. Quando os supervisores não estão atentos ao trabalho ou ações do colaborador, isso faz com que o colaborador não sinta-se importante. Além disso, se o trabalho não for importante o suficiente para o supervisor conversar, isto envia a mensagem de que o trabalho não precisa ser importante para o colaborador também.

Os colaboradores da linha de frente julgam se você os valoriza e ao trabalho deles pelo interesse ativo que você demonstre nos problemas diários que encontrarem. Você não afetará positivamente a satisfação no trabalho dos colaboradores da linha de frente somente ao dizer coisas boas para eles; no entanto, você terá um efeito profundo nestes fatores ao tornar-se um parceiro no desempenho—alguém com quem podem contar para ajudá-los a lidar com obstáculos e barreiras.

Uma Conversa sobre Qualidade Baseada em Comportamento pode ser de qualquer duração para o supervisor e colaborador, dependendo com frequência de quanto o colaborador da linha de frente tem a dizer.

O objetivo da Conversa sobre Qualidade Baseada em Comportamento é bem claro:

1. Discutir sobre os comportamentos críticos à qualidade — mencionando comportamentos não realizados e fornecendo feedback positivo para os comportamentos realizados.

2. Perguntar ao colaborador da linha de frente sobre os aspectos técnicos do trabalho, por exemplo equipamentos, materiais e todos os elementos do processo.

3. Conversar sobre os resultados de qualidade atuais e quaisquer defeitos ou problemas.

4. Perguntar ao colaborador da linha de frente se há quaisquer barreiras ao desempenho de qualidade e se há algo que o colaborador precise para melhorar a qualidade.

Um benefício da Conversa sobre Qualidade Baseada em Comportamento é que ela é um construtor positivo de relacionamentos. Uma empresa de consultoria em recursos humanos realizou uma análise da satisfação do trabalho e estudos sobre retenção de colaboradores nos últimos 40 anos. A análise da empresa confirmou que o único e mais crítico fator na retenção dos colaboradores era o relacionamento entre o supervisor e o colaborador. Um bom relacionamento permite que o supervisor tenha uma influência positiva no desempenho do colaborador da linha de frente. Não importa que abordagem de melhoria de qualidade a empresa criou, quanto dinheiro foi gasto em consultores e quanto treinamento os supervisores tiveram em Lean, Six Sigma, World Class Manufacturing, ou qualquer outra abordagem, estes gerentes ainda precisam ser capazes de formar relacionamentos sólidos com os colaboradores e informa-los corretamente sobre as tarefas críticas à qualidade, ou todas as tentativas de melhoria falharão. Dedicar algum tempo para ter uma Conversa sobre Qualidade Baseada em Comportamento cria a oportunidade para o supervisor aprender com o colaborador da linha de frente. O supervisor poderá descobrir coisas como:

- o que está indo bem e novas maneiras de fazer as coisas que o colaborador tenha adotado e que podem ser compartilhadas com outros;

- a oportunidade de obter informações de modo mais rápido, e com mais detalhes sobre o que está acontecendo no departamento que pode afetar o colaborador da linha de frente e seu trabalho;

- problemas que o colaborador possa ter com equipamentos, disponibilidade de informações críticas ao desempenho, disponibilidade de ferramentas, materiais e assistência de manutenção, e outros fatores críticos ao trabalho;

- a presença de problemas de segurança, como condições, equipamentos ou qualquer coisa que o colaborador veja como um risco;

- se os processos ou sistemas estão ajudando ou prejudicando o trabalho do colaborador;

- problemas em tempo real que o colaborador preveja que poderá requerer envolvimento imediato de outros grupos de trabalho ou departamentos.

Aqui está um exemplo do que parece ser uma boa interação entre um supervisor e um colaborador da linha de frente. Os tópicos técnicos e de desempenho são abordados, mas alguns principais elementos de treinamento estão ausentes:

"Oi Pauline, como você está hoje?"

"Bem," ela diz.

"Gostaria de te lembrar de ao trocar o rolete hoje, certifique-se de isolar e identificar, e observe a ponta da tampa da caixa. É pontuda e o Jim quase se cortou na semana passada. Você precisa de novos plugues de ouvido?"

"Peguei plugues esta manhã, tenho estes somente há dois dias," Pauline afirma.

"O Ralph pegou aqueles processadores de dois estágios que precisa para atualizar seu sistema?"

"Pensei que ele os traria para mim, mas eu ainda não o vi," ela responde.

"Vou checar com ele e me certificar de que você os tenha antes do meio-dia. A propósito, quando a Cheryl vier aqui e perguntar como você agiliza os serviços para nossos clientes nível-um, você pode dizer à ela como você faz?"

"Claro, não me importo," Pauline afirma.

"Hoje às 2:00 da tarde teremos um grupo de nosso maior cliente visitando nossa planta. Você não precisa fazer nada. Só queria que você soubesse que eles passarão por aqui."

Pauline acena com a cabeça e responde, "Obrigada pelo aviso."

O supervisor olha o equipamento e diz, "Ontem percebi que você moveu o componente da haste todas as vezes que recarrega, O que aconteceria se você só o movesse uma vez?"

"Nunca pensei nisso; Vou tentar," Pauline diz.

"A ideia que você teve sobre reposicionar as ferramentas funcionou para todos, com exceção da Alice e isso é porque ela tem uma máquina antiga."

Pauline sorri e diz, "Fico feliz em ajudar."

"Vou ver se Dell precisa de alguma coisa. Se você precisar de mim, é só chamar. Vou pedir ao Ralph que mande os processadores para cá."

"Quanto mais cedo, melhor," Pauline diz.

"Até mais tarde."

Há vários pontos positivos sobre esta interação. Um é que o tom da interação foi amigável — como dois colegas conversando sobre problemas no trabalho. O supervisor mencionou uma dica de segurança que poderá ajudar Pauline a evitar um ferimento, ele pediu seu conselho, o que é algo que todos os colaboradores da linha de frente veem como positivo. Ele também sugeriu uma mudança no modo como ela opera a máquina que pode tornar a seu trabalho mais fácil, e reconheceu uma ideia que ajudaria os outros.

Esta interação foi boa, mas pareceu mais uma transação do que uma interação. É verdade que a maioria dos gerentes analisariam esta conversa entre a Pauline e seu supervisor como positiva. Em comparação com muitas conversas entre o supervisor e a o colaborador da linha de frente, ela foi boa; no entanto, uma interação de treinamento vai além de uma troca de informações casual. *O treinamento requer perguntar e ouvir*. Aqui está um exemplo de uma conversa de treinamento melhor:

"Oi Pauline."

"Oi Jim."

"Como você está hoje?"

"Bem."

"Hmm, não parece que está bem. Que tipo de problemas você está enfrentando?"

"Acho que hoje é um daqueles dias. Minha máquina está lenta e tenho que manter minha atenção nas configurações. Sem os dois processadores que preciso, ela não funciona direito. Isso significa que algumas das tolerâncias estão desajustadas. Não as vejo porque tenho que olhar para os medidores com frequência. Depois eles vão para a Joyce e ela permite que elas passem direto. O Tony recebe na verificação final e manda de volta para mim. Isso faz com que eu pareça ineficiente para o Tony e a folha de retrabalho faz parecer que não estou fazendo meu trabalho."

"Deve ser frustrante para você."

"É bem frustrante sim. Tenho vontade de chamar o Ralph e a Joyce e bater nos dois ao mesmo tempo. Eles estão colocando meu trabalho em risco."

"Você não precisa bater em ninguém. Vou cuidar disso e me certificar de que isso não reflita no seu registro de trabalho. Sei que você teve que se esforçar ainda mais para compensar os problemas com a máquina. Você terá algumas peças que foram para retrabalho, mas você ainda está fazendo um ótimo trabalho."

Pauline sorri e diz, "Eu agradeço, Jim."

"Você está tendo outros problemas?"

Pauline pensa por alguns segundos e responde, "Bem, há mais uma coisa. A manutenção deveria calibrar a máquina no fim do turno anterior. A cada dois dias, chego na estação de trabalho e vejo que não estiveram aqui. Tentei chegar mais cedo e pedir que venham fazer o trabalho, mas nunca consigo falar com eles no telefone."

"Vou falar com a manutenção sobre isso. Quando você tiver esses problemas, entre em contato comigo. Virei até aqui assim que puder. Para atingir a meta de qualidade, precisamos consertar estes tipos de problemas mais rápido. A propósito, quando cheguei percebi que você não está usando seus plugues de ouvido. Não quero que você perca sua audição."

Sorrindo ela diz, "OK, Jim. Sei que é para meu próprio bem. Vou usá-los todos os dias."

"Vi que você está mantendo um registro dos comportamentos críticos à qualidade em sua lista de verificação. Isto está realmente causando um impacto em nossa qualidade. A taxa de rejeição está bem mais baixa. Você pensou sobre mais alguma coisa que possa fazer para melhorar a qualidade?"

"Não, mas desde que comecei a focar nestes comportamentos, eles se tornaram um hábito. Olho para minha lista de verificação todos os dias, mas na realidade não preciso mais dela. Ela já está memorizada."

"Ótimo Pauline! Me chame se precisar de mim. Vou conversar com o pessoal da manutenção."

Houve uma grande diferença nesta interação. Jim fez perguntas mais *abertas*. Perguntas abertas como por exemplo, "Que tipo de problemas você está enfrentando?" permite que a outra pessoa forneça mais informações. Perguntas *Fechadas* restringem a obtenção de informações. Perguntas como, "O Ralph pegou os processadores de segundo estágio que você precisava para atualizar seu sistema?" como foram feitas no primeiro exemplo de um diálogo de baixa qualidade, não oferecem muitas informações, a não ser "sim" ou "não." Qualquer tipo de pergunta fechada como "Você iniciou o sistema no horário hoje?" ou "Você está com o formulário de Relatório de produção?" resulta em uma resposta restrita sim ou não. Neste meio tempo, a pessoa que responder a pergunta tem informações valiosas que poderiam potencialmente melhorar a qualidade, mas permanecem desconhecidas porque as perguntas erradas foram feitas.

A pergunta aberta, "Que ideias você tem sobre maneiras para melhorar a qualidade?" permite que o colaborador da linha de frente converse sobre uma grande variedade de sugestões de melhoria em potencial. Se o supervisor tivesse feito uma pergunta fechada como, "Você acha que se usarmos a marca X ao invés da marca Y, teremos material melhor?" a resposta não seria tão positiva.

No melhor diálogo entre Jim e Pauline, o Jim conseguiu trabalhar com alguns comentários sobre a lista de verificação crítica à qualidade e entender como a Pauline estava progredindo. O Jim também ouviu mais do que falou. Em uma Conversa sobre Qualidade Baseada em Comportamento, queremos usar perguntas abertas para coletar ideias, problemas e opiniões. Quanto mais informações o supervisor tiver, mais ele(a) poderá influenciar da melhor maneira a produção e serviços de qualidade. Ao fazer a pergunta, os supervisores precisam ouvir e refletir sobre o interesse que têm nas respostas. Um bom supervisor manterá bom contato visual, boa postura corporal que indica interesse, e refletirá sobre o que está ouvindo. Ao ouvir, os supervisores não devem estar mexendo em seus telefones celulares ou fazendo outras coisas que possam distraí-los.

Enquanto você ouve, não ensaie perguntas ou utilize uma linha alternativa de pensamento. Isto é difícil porque nossa tendência é ouvir algumas coisas que alguém diz e que desencadeiam uma quantidade de ideias que surgem enquanto você tenta prestar atenção em quem fala. Mantenha o foco no colaborador da linha de frente e tente ouvir o suficiente para que você possa parafrasear o que o colaborador disse. Quando o colaborador da linha de frente terminar de falar, repita a sua versão do que ele(a) disse para você, de modo que vocês concordem e tenham um entendimento dos assuntos abordados

Fornecimento de reconhecimento em uma Conversa sobre Qualidade Baseada em Comportamento

Refletir sobre o que você está ouvindo para o colaborador enquanto fala é sempre uma boa ideia. Em geral as pessoas dirão, "bom," "uh-huh," "sim," ou outras palavras enquanto ouvimos uma pessoa, e isso indica que a mensagem sendo passada está sendo recebida. O efeito é positivo. Estas palavras de reflexão e incentivo reconhecem o desempenho do colaborador e fortalecem seu relacionamento nas Conversas sobre Qualidade Baseada em Comportamento.

Um modo de melhorar significativamente a sua reflexão é fazer declarações comportamentais específicas como, "Ótimo Bill, acho que acrescentar estas informações à folha de trabalho ajudará o próximo turno à começar sem a confusão que temos as vezes." Este tipo de feedback funciona para que o colaborador saiba que um comportamento específico tem valor agregado. Tenha em mente que, é claro que se um colaborador da linha de frente já tenha especificado um comportamento, tal como, "Adicionei vários comentários sobre a recalibração dos medidores ao final do turno para garantir que o turno da noite possa ser iniciado sem problemas," então uma ou duas palavras positivas como "Ótimo!" ou "Isso vai funcionar!" ou "Boa ideia!" serão certamente eficazes.

Frases curtas e positivas permitem que os supervisores que não sentem-se confortáveis com declarações mais longas reconheçam efetivamente o esforço extra do colaborador. Comentários positivos como, "isso vai funcionar," ou "Temos que tentar fazer isso desta maneira todas as vezes," ou "Isso vai economizar muito tempo para nós,"são breves mas têm um efeito positivo poderoso no relacionamento supervisor - colaborador, e aumentará a probabilidade do colaborador continuar a dedicar esforços extras à qualidade.

Treinamento para alterar o comportamento

Durante a Conversa sobre Qualidade Baseada em Comportamento, declarações que solicitem que os colaboradores mudem o modo como fazem algo, podem facilmente tornar-se parte da conversa sem serem negativas. Por exemplo, um supervisor poderá orientar um colaborador com relação a uma nova abordagem ao dizer, "Você está expressando várias boas ideias sobre melhorias nas máquinas, Bill. Obrigado(a)! Se o setor de manutenção aceitar suas sugestões e fizer estas melhorias, vai dar à você um pouco mais de tempo livre. Ou um supervisor poderá dizer, "Não tenho certeza se isso vai funcionar para todos Bill, mas gosto do que você tem em mente com estes tipos de ideias. Acho que você está no caminho certo mesmo que nem todas sejam implementadas." Comentários corretivos como estes podem ser inseridos em uma Conversa sobre Qualidade Baseada em Comportamento sem mudar a natureza positiva da conversa.

O que aprendemos neste capítulo?

1. Listas de verificação críticas à qualidade podem ser usadas como base para as Conversas sobre Qualidade Baseada em Comportamento.

2. Estudos mostraram que diálogos positivos entre supervisores e colaboradores resultam em melhor desempenho, menos acidentes, níveis mais altos de envolvimento do colaborador e redução na rotatividade.

3. Conversas sobre Qualidade Baseada em Comportamento são caracterizadas pelos supervisores fazendoperguntas, ouvindo, fornecendo dicas de melhoria de desempenho, descobrindo barreiras que afetem o desempenho do colaborador, e fortalecendo o relacionamento supervisor/colaborador.

4. As Conversas sobre Qualidade Baseada em Comportamento fornecem aos supervisores a oportunidade de mencionar comportamentos ou resultados que um colaborador tenha alcançado de maneira natural e genuína, no contexto confortável de uma conversa.

5. As Conversas sobre Qualidade Baseada em Comportamento também fornecem ao supervisor um contexto confortável para mencionar as mudanças de comportamento e sugestões de melhoria sem parecer ser punitivo ou negativo.

7 O PAPEL DA ALTA GESTÃO NA QUALIDADE BASEADA EM COMPORTAMENTO

Os colaboradores da linha de frente são sensíveis ao comportamento da alta gestão. A alta gerência determina os valores da organização através do que dizem e fazem, e isso vai além das decisões que tomam com relação a promoções, aumentos salariais, demissões e pagamentos de bônus. Todos os níveis na hierarquia de gestão observam o homem ou mulher que está no topo. Se um gerente sênior foca na qualidade, você pode estar certo de que cada gerente abaixo dele até os níveis de supervisão falam e agem de maneira consistente.

Quando a alta gerência preocupa-se com a qualidade, com frequência tentarão gerenciá-la com métodos de melhoria de qualidade estabelecidos. É importante ter em mente que a maioria das iniciativas populares de melhoria de qualidade são caras, tanto em termos de custos diretos quanto indiretos. Um período de tempo caro da gerência e colaborador é necessário para alimentar o Lean Six Sigma. Se a alta gerência não vê o retorno de investimento resultante destes tipos de iniciativas, provavelmente abandonará estes esforços caros, mesmo que sejam populares. Como o trabalho do gerente sênior geralmente demanda atenção aos resultados, eles são forçados e encontrar outras iniciativas que irão ajudar a melhorar a produtividade. Com frequência, a atenção da alta gerência é desviada para a próxima solução mágica que esteja na moda com os competidores e as empresas listadas no Fortune 500.

Quando a alta gerência não conversa sobre iniciativas ou mostra interesse nelas, o restante da empresa começa a mostrar menos e menos entusiasmo. Os eventos possuem poucos participantes, as reuniões são canceladas ou nunca agendadas — basicamente a iniciativa tem uma morte lenta por falta de atenção. A Qualidade Baseada em Comportamento pode ajudar. O resultado desta abordagem tem sido documentado por várias décadas; é relativamente barato com relação às iniciativas populares de qualidade, e necessita de muito menos tempo do colaborador ou gestão, em comparação com estas iniciativas.

Consulta positiva

No capítulo 6, falamos sobre como os supervisores e gerentes podem utilizar as Conversas de Qualidade Comportamental para melhorar o desempenho. No entanto, o envolvimento da alta gestão não é o mesmo que o dos supervisores e gerentes nas Conversas de Qualidade Comportamental. O papel da alta gerência na Qualidade Baseada em Comportamento é um tanto diferente. Nós chamamos este papel de *consulta positiva*.

O termo *consulta positiva* sugere que as informações sejam coletadas de modo construtivo e incentivador. Isto é, as informações são coletadas de modo que tenham um impacto útil na conversa com o colaborador. Ele sugere que o gerente ouça o que o colaborador tem a dizer, e mantenha um diálogo significativo sobre as informações do colaborador. Ao final da conversa, o colaborador sente-se bem sobre a conversa e sente que o gerente entendeu o que ele(a) estava dizendo.

Há alguns anos no livro *Em Busca da Excelência*, Peters e Waterman propuseram uma frase que tornou-se popular, *gestão com política de portas abertas ("management by walking or wandering around"* em Inglês). Algumas organizações referem-se à ela como *passeio pela planta, caminhadas, presença em campo, ou caminhada onde o trabalho é realizado.* A Qualidade Baseada em Comportamento sugere que os gerentes visitem os departamentos ou grupos de trabalho onde os problemas de qualidade sejam críticos. Os gerentes devem também visitar os grupos que estejam sendo bem sucedidos com suas iniciativas de qualidade. Em outros momentos, os gerentes podem visitar os membros da Equipe de Ação em Qualidade ou visitarem áreas diferentes aleatoriamente para realizar verificações no local sobre a saúde do processo de Qualidade Baseada em Comportamento. A ideia no método de Qualidade Baseada em Comportamento é utilizar passagens pela planta como oportunidades para avaliar a produtividade e recompensar o progresso crítico à qualidade.

Durante a consulta positiva, o gerente pode conversar sobre comportamentos críticos à qualidade e o impacto que eles têm na qualidade do produto e satisfação do cliente. O gerente poderá abordar as barreiras e obstáculos ao desempenho de qualidade com as quais a Equipe de Ação em Qualidade esteja lidando e o progresso que estão registrando. A consulta positiva é essencial para a Qualidade Baseada em Comportamento porque permite que os gerentes conversem com os operadores e saibam sobre suas percepções e experiências.

Os gerentes devem conversar sobre a Qualidade Baseada em Comportamento

Os gerentes devem introduzir o tópico de qualidade em todas as oportunidades. Por exemplo, eles podem tomar algumas ações tais como:

- Iniciar as reuniões com comentários sobre a Qualidade Baseada em Comportamento e como está progredindo. Identificar as áreas específicas onde os resultados positivos estão ocorrendo. Mencionar os supervisores que tenham comentado sobre o processo de Qualidade Baseada em Comportamento.

- Perguntar aos que reportam-se diretamente à eles sobre o que estão fazendo para apoiar a Melhorar a Qualidade Comportamental. Eles estão conversando com os supervisores e colaboradores da linha de frente? Estão fazendo visitas ao campo, caminhando pela planta e perguntando sobre as experiências dos colaboradores?

- Perguntar a todos os níveis de colaboradores da linha de frente como o processo de Qualidade Baseada em Comportamento está progredindo. Os colaboradores gostam do processo? A Equipe de Ação em Qualidade está à frente do processo no campo?

- Perguntar aos que reportam-se diretamente à eles se as barreiras e obstáculos para o desempenho de qualidade estão sendo abordados e retirados. Perguntar se há algo que os gerentes precisem fazer para melhorar ou agilizar o processo.

- Nas caminhadas pela planta, perguntar aos supervisores e colaboradores sobre os dados da lista de verificação e os dados de resultados em qualidade.

- Durante as conversas de consulta positiva, reconhecer — com um comentário positivo — qualquer melhoria alcançada pelos colaboradores que reportam-se diretamente, supervisores e colaboradores da linha de frente.

- Incentivar a realização de uma comemoração pelo alcance dos recordes em qualidade. Se a comemoração for agendada em razão de um novo registro de resultados de qualidade, compareça.

- Comunicar amplamente para toda a organização as vitórias de rápido efeito na melhoria de qualidade.

Como realizar uma comemoração bem sucedida pela melhoria em qualidade

As comemorações podem desempenhar um papel poderoso no processo de Qualidade Baseada em Comportamento. As comemorações são eventos que fornecem reconhecimento a um grupo que tenha alcançado melhoria em qualidade. Se for realizada de modo eficaz, é uma oportunidade para incentivar as pessoas sobre suas realizações. A Equipe de ação em Qualidade deve desenvolver uma seleção para uma variedade de comemorações que atendam as diretrizes determinadas pela companhia. É bom buscar ideias dos gerentes e colaboradores da linha de frente no departamento. A Equipe de Ação em Qualidade deve concordar sobre o tipo de comemoração, como por exemplo, um almoço com pizza, e o papel que cada membro da Equipe de Ação em qualidade desempenhará na comemoração.

A comemoração deve ser agendada de modo que todos os colaboradores do departamento tenham a oportunidade de participar e divertirem-se no evento. Ela necessitará de planejamento pela Equipe de Ação em Qualidade. Se possível, a comemoração deve ocorrer fora da área de trabalho em uma sala de reuniões, refeitório, ou outra área onde os colaboradores possam reunir-se e socializarem uns com os outros.

O objetivo da comemoração é reconhecer as realizações em qualidade e conversar sobre como foram alcançadas. Que papéis úteis os colaboradores da linha de frente ou gerentes desempenham? Como os colaboradores individuais puderam ajudar uns aos outros? O que funcionou para ajudar os colaboradores individuais a terem sucesso? O entendimento destes fatores deve ser direcionado para outros objetivos de qualidade.

Tente envolver todos na comemoração ao criar uma conversa ou sessão de perguntas e respostas. Se os colaboradores sentirem-se confortáveis para fazê-lo, poderão fazer breves comentários para o grupo. A comemoração deve ser para todo o departamento, turno ou equipe incluindo a gestão e colaboradores da linha de frente que podem não ter tido a oportunidade de realizar o comportamento crítico à qualidade sendo comemorado. Se colaboradores fora do departamento tiverem auxiliado, tais como o setor de manutenção, pense em convidá-los. Os colaboradores devem ir para suas casas com o entendimento claro do motivo pelo qual a comemoração ocorreu e quais comportamentos os colaboradores realizaram.

Listas de verificação de melhoria em qualidade da gerência

Um dos grandes problemas com as iniciativas existentes de melhoria em qualidade como Six Sigma e Lean é que elas não têm um processo para fornecer feedback positivo sistematicamente e reconhecimento pela participação, realização e manutenção. Sem o feedback positivo e reconhecimento, os gerentes e colaboradores não a veem como uma prioridade. As atividades e processos lentamente tornam-se distantes e enfraquecidos.

Cirurgiões, pilotos e astronautas usam listas de verificação para lembrá-los de realizar comportamentos críticos para o sucesso deles. Durante nosso trabalho há alguns anos com uma das maiores redes de varejo do mundo, o Presidente e CEO participou de uma oficina na qual facilitamos o desenvolvimento de uma lista de verificação de comportamentos que ele considerava críticos para seu sucesso pessoal. Ele queria listar com precisão, os comportamentos críticos que resultavam no sucesso financeiro da companhia. A lista de verificação refletia os valores básicos da companhia e os princípios positivos de gestão. Ele acreditava que a lista de verificação também refletia o comprometimento pessoal com a melhoria contínua de suas habilidades de gestão. Ele realizou estes comportamentos críticos quando visitou as lojas de varejo da companhia e os centros de distribuição em todo o mundo. Ele caminhava pelas plantas propositadamente, e durante as caminhadas conversava com os colaboradores de todos os níveis.

Quando estivemos com ele vários anos depois, ele levou-nos para seu escritório para mostrar algo guardado na primeira gaveta de sua mesa. Ele retirou com orgulho a lista de verificação, que estava atualizada e tinha sido bastante usada. Abriu um arquivo em seu computador e mostrou-nos vários anos de listas de verificação semanais que haviam sido escaneadas e colocadas em arquivo. Cada lista de verificação estava datada e possuía notas escritas no verso que o lembravam de verificar algo que algum colaborador havia dito ou algo que ele havia prometido a um dos colaboradores. Ele disse, "Quando nós criamos esta lista de verificação, eu sabia que os itens na lista eram críticos para meu comprometimento pessoal comigo mesmo e a empresa. Eu queria usar a lista de verificação para criar responsabilidade pessoal pelas coisas que eu sabia que eram importantes a serem feitas. Nos últimos anos, construímos várias centenas de novas lojas de varejo e a lucratividade foi altíssima."

Oficina da Equipe de Ação em Qualidade–gerente para criação das listas de verificação

Para garantir que os supervisores e colaboradores da linha de frente implementem a Qualidade Baseada em Comportamento com sucesso e alcancem melhorias que aparecerão nos resultados finais, cada nível da gestão — da alta gerência à supervisão da linha de frente—deve ter uma lista de verificação dos comportamentos críticos necessários para o apoio da gestão. Neste ponto, a Equipe de Ação em Qualidade terá experiência suficiente na criação das listas de verificação dos comportamentos críticos à qualidade para os colaboradores e eles também podem auxiliar a alta gestão com esta tarefa.

A Equipe de Ação em Qualidade realizará uma oficina com cada nível da gestão da organização ou na planta. O objetivo da oficina é trabalhar em colaboração com os gerentes e supervisores para construir listas de verificação dos comportamentos críticos necessários para permitir o sucesso da Qualidade Baseada em Comportamento e alcançar os objetivos de melhoria em qualidade. A oficina pode variar em tamanho de algumas horas até um dia inteiro dependendo do número de participantes.

A Equipe de Ação em Qualidade analisa e conversa sobre os comportamentos indicados neste capítulo e ajusta cada nível da lista de verificação da gestão conforme necessário. Para difundir a responsabilidade e assegurar que cada nível de gestão receba feedback e reconhecimento, cada nível deve ter um item da lista de verificação para analisar nas listas dos que reportam-se diretamente à eles. Analisar as listas de verificação e conversar sobre a Qualidade Baseada em Comportamento é tão importante para a alta gerência quanto para os supervisores da linha de frente.

A Equipe de Ação em Qualidade rastreia a remoção de barreiras

A Equipe de Ação em Qualidade analisará os dados de observação dos supervisores, engenheiros de qualidade e colaboradores observadores selecionados. Todos os observadores perguntarão aos colaboradores observados como a Equipe de Ação em Qualidade poderá permitir que eles desempenhem seu trabalho com maior qualidade. Em muitos casos, haverá soluções fáceis que podem ser facilitadas pelo supervisor, setor de manutenção ou engenharia.

Em alguns casos, as mudanças necessárias para melhorar a qualidade irão necessitar de soluções mais complexas. Mudanças em sistemas, mudanças em processo, em equipamentos e problemas com fornecedores são alguns tipos de problemas que requerem o envolvimento de um ou mais gerentes sênior. A Equipe de Ação em Qualidade desenvolverá um sistema de rastreamento que possa ser usado para documentar as mudanças recomendadas pelos colaboradores que sejam necessárias para melhorar a qualidade e desenvolver um procedimento para enviar as mudanças para as áreas apropriadas que analisarão e tomarão ações para as mudanças.

As mudanças que requerem a assinatura de um ou mais membros da alta gerência devem ser informadas por um membro da Equipe de Ação em Qualidade para o gerente apropriado. A Equipe de Ação em Qualidade manterá uma lista corrente de todos os itens de ação em melhoria de qualidade e manterá os colaboradores informados sobre a situação dos itens de ação iniciados por seus comentários.

O que aprendemos neste capítulo?

1. A alta gerência deve apoiar a Qualidade Baseada em Comportamento através de consulta positiva. A consulta positiva sugere que as informações sejam coletadas de modo construtivo e incentivador. O gerente ouve o que o colaborador tem a dizer, e tem um diálogo significativo sobre as informações do colaborador.

2. Os gerentes devem visitar grupos que estejam vivenciando o sucesso com iniciativas de qualidade. Eles também podem visitar os membros da Equipe de Ação em Qualidade ou visitar áreas diferentes aleatoriamente para realizar uma verificação no local sobre a saúde do processo de Qualidade Baseada em Comportamento.

3. Os gerentes devem iniciar as reuniões com comentários sobre a Qualidade Baseada em Comportamento, perguntar aos que reportam-se diretamente à eles o que estão fazendo para apoiar a Qualidade Baseada em Comportamento, perguntar a todos os níveis como o processo de Qualidade Baseada em Comportamento está progredindo, perguntar se as barreiras e obstáculos estão sendo removidos, perguntar sobre os dados da lista de verificação e os resultados de qualidade, reconhecer qualquer melhoria, incentivar a realização de comemorações pelo alcance de resultados de qualidade e informar as vitórias de rápido efeito.

8 ADIÇÃO DA ABORDAGEM COMPORTAMENTAL À UMA INICIATIVA DE QUALIDADE EXISTENTE

Este capítulo é sobre como acrescentar uma abordagem comportamental à uma iniciativa de qualidade existente para garantir a implementação bem sucedida e sustentada. As várias abordagens de melhoria em qualidade de marcas conhecidas — incluindo Total Quality Management, Continuous Improvement, Six Sigma, Lean, World Class Manufacturing, e outras — forneceram ferramentas excelentes para a análise das causas dos problemas de qualidade e criaram contramedidas para melhorar a qualidade.

Mas imagine que você trabalha em um processo que acabou de ser recriado para melhorar a qualidade. A lista abaixo descreve o que você vivenciará agora. Enquanto você revisa a lista, pergunte-se o quanto cada novo elemento influenciaria você. Você se sentiria mais envolvido no novo processo ou tentaria continuar fazendo seu trabalho como fazia no passado?

- Os períodos de folga durante seu dia foram retirados.

- As oportunidades para você socializar-se foram retiradas.

- Agora você tem que operar vários equipamentos – e não somente um – dependendo da necessidade.

- Agora você é responsável pela coleta e registro de dados.

- Agora você terá que comunicar-se com as pessoas em outras funções que possuam históricos, treinamentos e metas diferentes.

- Você tem responsabilidades adicionais, tais como a limpeza e manutenção de seu equipamento ou inspeção de seu próprio trabalho.

- Agora você está sempre de pé, quando anteriormente você podia sentar-se.

- Agora você pode usar um computador, tablet ou equipamento eletrônico.

- Espera-se que agora você leia procedimentos técnicos ou diagramas.

- Agora você deve preparar notas documentando suas atividades.

- Agora você deve manter sua área de trabalho de modo específico e ordenado.

- Agora espera-se que você registre seus próprios erros.

- Agora você deve indicar os erros cometidos pelos outros.

- Agora espera-se que você admita quando não souber algo e faça perguntas.

- Você receberá mais trabalho imediatamente após terminar uma tarefa.

- Agora você deve tomar decisões que anteriormente eram tomadas por seu chefe.

- Sua velocidade de trabalho e tarefas de trabalho são constantemente alteradas com base na demanda e fluxo de trabalho.

Pelo menos um dos elementos do novo processo pode parecer frustrante ou irritante para você, ou pelo menos estranho e diferente. Você poderá sentir-se tentado(a) à continuar fazendo as coisas do modo antigo. Com muita frequência, os colaboradores da linha de frente não decidem propositadamente voltar aos hábitos antigos; isso acontece normalmente a medida que tentam evitar experiências desconfortáveis ou difíceis como as listadas acima. Estes elementos negativos são com frequência não intencionais; os designers de qualidade não tentaram criar um processo punitivo de propósito, mas os colaboradores o enxergaram com aversão de qualquer maneira.

Os colaboradores e gerentes podem todos encontrar desafios em um novo processo: novas maneiras de trabalho podem ser difíceis, os erros ocorrerão inicialmente e o trabalho poderá levar mais tempo. Não importa o quão lógico o novo processo pareça no papel, se os seres humanos que trabalham no processo encontrarem pontos mais negativos do que positivos, o comportamento deles enfraquecerá.

Você deve acrescentar a abordagem comportamental?

As pessoas que praticam qualidade inevitavelmente descobrem que enquanto as abordagens de qualidade oferecem ferramentas analíticas úteis, *o sucesso de um esforço de qualidade não são as ferramentas, são as pessoas.* Você deve acrescentar a abordagem comportamental ao seu esforço de qualidade? Pense sobre alguns projetos desafiadores no seu esforço de qualidade. Você vivenciou qualquer uma destas situações?

- A equipe de operação não acata uma solução de qualidade bem projetada por sua equipe de projeto de qualidade.

- Os ganhos iniciais de um novo processo acabam desaparecendo com o tempo.

- Os gerentes têm sucesso limitado em qualidade, embora peçam repetidamente que seus colaboradores mantenham o foco nos planos bem projetados.

- Os colaboradores da linha de frente parecem precisar de novos treinamentos mais de uma vez.

- Os proponentes em qualidade reclamam que a organização não tem uma cultura voltada para a qualidade.

- As auditorias de qualidade encontram os mesmos problemas todas as vezes.

- Os colaboradores da linha de frente fazem o mínimo suficiente para passar nas auditorias de qualidade.

- Uma quantidade maior de tempo e esforços é utilizada mais para encontrar e resolver problemas do que para preveni-los.

- Há uma grande quantidade de documentação de qualidade — procedimentos, padrões de trabalhos, planos de controle — mas o desempenho no local de trabalho não é equivalente.

- As projeções sobre economias de qualidade e retorno de investimento não parecem estar presentes nos resultados finais.

Todas estas situações indicam que a Qualidade Baseada em Comportamento não está em uso.

Inclua o comportamento nas ferramentas de qualidade

Para adicionar a abordagem comportamental ao seu esforço de qualidade, o que ajuda é incluir o comportamento nas ferramentas padrão de qualidade. Em particular, acrescente o comportamento a:

- mapas de processo,

- diagramas de espinha de peixe,

- planos de ação de qualidade.

Indique os comportamentos críticos à qualidade nos mapas de processo. Com frequência o primeiro passo para melhorar a qualidade é desenhar um fluxograma da situação atual ou "as-is" do processo. Uma equipe que esteja estudando um problema de qualidade desenhará uma fluxo mostrando o processo de trabalho atual com uma representação honesta dos problemas no processo. A equipe então identifica as maneiras para melhorar o processo e desenha um mapa da situação futura ou "to-be" que mostra o conjunto novo e melhorado dos passos do processo.

Um mapa de processo deve ser uma ilustração do mesmo, mas se a ilustração não destacar os comportamentos críticos à qualidade, estes comportamentos poderão ser ignorados ou enfraquecidos.

Para aplicar uma abordagem comportamental ao seu esforço de qualidade, comece ao tornar o comportamento visível nos mapas de processo. Identifique os pontos no mapa de processo onde os comportamentos críticos à qualidade precisam ser desempenhados. Se necessário, acrescente uma tabela abaixo do mapa de processo para listar os comportamentos críticos à qualidade, quem os desempenha e como os dados comportamentais são coletados.

Uma vez que os comportamentos críticos à qualidade estejam visíveis no mapa de processo, a equipe poderá ter uma conversa construtiva sobre estes comportamentos. Com que frequência estes comportamentos estão ocorrendo? Quão bem estão sendo realizados? Quais dados são coletados sobre estes comportamentos? O que acontece com os colaboradores da linha de frente quando realizam os comportamentos? Como o feedback com base em dados pode ser fornecido para os que desempenham os comportamentos? Como as consequências positivas podem ser fornecidas para um comportamento melhor?

Procure pela falta de feedback e consequências positivas como causas dos problemas de qualidade. Para identificar as causas de um problema de qualidade, as equipes de qualidade frequentemente usam um diagrama de espinha de peixe (também chamado de diagrama Ishikawa) para ilustrar as possíveis causas do problema. As maiores categorias das causas são desenhadas em linhas maiores (espinhas maiores), e as causas específicas são desenhadas com linhas menores (espinhas pequenas). A maioria dos diagramas de espinha de peixe tem uma categoria maior para Pessoas ou Mão-de-Obra. A equipe lista as causas possíveis do problema que são relativas às pessoas na espinha de peixe "Pessoas".

A dificuldade com muitos diagramas de espinha de peixe é que são incompletos com relação à identificação de comportamento crítico à qualidade e as causas do comportamento fora da qualidade. Com frequência, a principal causa listada na espinha de peixe Pessoas é "falta de treinamento." É verdade que a falta de habilidade (devido à falta de treinamento ou prática) é uma causa do comportamento fora da qualidade. Mas se a "falta de treinamento" for a única causa identificada relativa à Pessoas, então a ação corretiva proposta sempre será treinamento, re-treinamento e ainda mais treinamento (isso pode ser observado em muitos projetos de qualidade). Conforme declarado anteriormente, o treinamento não é uma solução total. Sabemos que o treinamento identifica o que o colaborador da linha de frente precisa fazer para garantir a qualidade, mas se o colaborador da linha de frente não realizar os comportamentos essenciais identificados no treinamento, o problema de qualidade não será resolvido.

Quando construir o componente de Pessoas em um diagrama de espinha de peixe, considere sempre quatro outras espinhas, além do treinamento que também afetam o comportamento:

- Comportamentos críticos à qualidade não foram definidos ou comunicados.

- Os colaboradores da linha de frente não recebem feedback sobre comportamento crítico à qualidade.

- As consequências que os colaboradores vivenciam após realizar um comportamento crítico à qualidade são negativas ou neutras. Não há reconhecimento positivo para o desempenho de comportamentos críticos à qualidade.

- As consequências pelo desempenho de comportamentos de baixa qualidade são positivas. É mais rápido ou fácil fazer algo diferente ao invés dos comportamentos críticos à qualidade.

Se qualquer uma ou todas as causas possíveis forem observadas, as contramedidas comportamentais necessárias são claras:

- Destacar precisamente os comportamentos críticos à qualidade e comunicá-los.

- Fornecer feedback frequente com base em dados aos colaboradores sobre seus desempenhos.

- Fornecer reconhecimento positivo verbal para os colaboradores da linha de frente quando desempenham o comportamento.

Adicionando feedback e reconhecimento aos planos de ação de qualidade. As equipes de qualidade em geral preparam o plano de ação de qualidade, as vezes chamado de plano DMAIC (Definir, Medir, Analisar, Incrementar e Controlar), para resumir suas análises, contramedidas e passos de implementação. Os planos de ação listam as mudanças criadas para melhorar o processo. A intenção é que o dono do processo e equipe de operação comportem-se conforme necessário para controlar e sustentar o novo processo.

Todos os planos de ação de qualidade devem incluir planos para as observações dos comportamentos críticos à qualidade e conversas de feedback com quem os desempenha. Uma mudança no processo significa sempre uma mudança em comportamento, e uma mudança em comportamento requer sempre feedback e reconhecimento positivos. Um plano de ação para sustentar ou controlar um novo processo que não inclua planos para feedback e reconhecimento, é um plano fraco, porque a qualidade, afinal de contas, tem tudo a ver com as Pessoas!

O que aprendemos neste capítulo?

1. Um plano de qualidade poderá ser rigorosamente desenvolvido, mas se os colaboradores da linha de frente não estiverem recebendo feedback e reconhecimento pela realização de comportamentos críticos à qualidade para implementar o plano, os colaboradores terão dificuldade para alterar seus comportamentos.

2. Alguns modos de acrescentar a abordagem comportamental às ferramentas de qualidade são:

    a. Mostrar os comportamentos críticos à qualidade nos mapas de processo.

    b. Procurar pela falta de feedback e consequências positivas como causas dos problemas de qualidade.

    c. Acrescentar feedback e reconhecimento aos planos de ação em qualidade.

9 UNINDO SEGURANÇA COMPORTAMENTAL E QUALIDADE COMPORTAMENTAL

A Segurança Baseada em Comportamento é uma abordagem que tem um altíssimo impacto na redução de incidentes e ferimentos no local de trabalho. A eficácia da Segurança Baseada em Comportamento não só economizou incontáveis dólares para empresas em todo o mundo, mas também salvou a vida de várias pessoas. A abordagem da Segurança Baseada em Comportamento existe de uma forma ou outra há quase 40 anos. Há aproximadamente 25 anos, padrões informais relativos à prática de Segurança Baseada em Comportamento foram desenvolvidos como resultado das autoridades de segurança relevantes terem escrito artigos e livros sobre a Segurança Baseada em Comportamento. O estudo sobre a eficácia da Segurança Baseada em Comportamento tem sido publicado em relevantes publicações por acadêmicos de segurança há décadas, e os métodos continuam a ser adotados em todo o mundo.

Empresas de consultoria de Segurança Baseada em Comportamento iniciaram um marketing agressivo para a Segurança Baseada em Comportamento e para divulgar o processo em conferências e eventos profissionais. Literatura sobre empresas com Segurança Baseada em Comportamento começaram a surgir nas caixas de entrada de cada profissional de segurança. As revistas profissionais de segurança e publicações da indústria publicam artigos e histórias de sucesso regularmente sobre a Segurança Baseada em Comportamento.

Empresas na lista Fortune 100 começaram a implementar a Segurança Baseada em Comportamento, e a delegação de poderes aos colaboradores tornou-se popular. A Segurança Baseada em Comportamento tornou-se conhecida como uma iniciativa motivada pelo colaborador, apoiada pela gestão com resultados de segurança comprovados enquanto que ao mesmo tempo tem um impacto positivo na produtividade e nos resultados finais. A medida em que os resultados de Segurança Baseada em Comportamento foram amplamente publicados, o processo espalhou-se pelas empresas e indústrias como fogo. Era difícil encontrar uma empresa de qualquer tamanho que não estivesse em alguma fase da implementação da Segurança Baseada em Comportamento.

A Qualidade Baseada em Comportamento compartilha muitos elementos em comum com a Segurança Baseada em Comportamento. A implementação de uma destas abordagens geralmente prepara o caminho para a outra, permitindo que empresas obtenham mais valor de seu investimento em treinamento. Muitas vezes, as iniciativas de Segurança Baseada em Comportamento e Qualidade Baseada em Comportamento podem frequentemente ser integradas de modo a minimizar a duplicação de esforços. Por exemplo, a qualidade crítica e comportamentos de segurança podem ser incluídos em uma única lista de verificação. A Segurança Baseada em Comportamento e Qualidade Baseada em Comportamento são muito compatíveis e quando combinadas criam um retorno de investimento que certamente justifica os custos diretos e indiretos para apoiar ambas as iniciativas.

Principais elementos da Segurança Baseada em Comportamento e Qualidade Baseada em Comportamento

A maioria das empresas não sabe que as iniciativas de Segurança Baseada em Comportamento são alicerçadas em base científicas que estão em uso há mais de 50 anos — alicerces que têm sido utilizados por muitas empresas para alcançar melhorias incríveis em qualidade, produtividade, oportunidade, e atendimento ao cliente. A fundação tem cinco elementos fundamentais que podem ser aplicados a qualquer objetivo organizacional onde o comportamento humano seja um fator.

Os cinco elementos fundamentais da abordagem comportamental são:

1. destacar comportamentos críticos;

2. desenvolver listas de verificação comportamentais;

3. observar os colaboradores da linha de frente trabalhando;

4. fornecer feedback positivo para a realização de comportamentos críticos;

5. rastrear os dados comportamentais.

A Figura 6 mostra os principais componentes que formam a dinâmica crítica tanto da Segurança Baseada em Comportamento quanto da Qualidade Baseada em Comportamento.

Elemento comum	Segurança Baseada em Comportamento	Qualidade Baseada em Comportamento
Destacar comportamentos críticos	Identificar comportamentos críticos seguros e inseguros	Identificar comportamentos críticos à qualidade
Desenvolver uma lista de verificação comportamental	Listas de verificação customizadas para pessoas específicas	Listas de verificação customizadas para pessoas específicas
Observar colaboradores da linha de frente trabalhando	• Assegurar que os observadores possam identificar com precisão os comportamentos críticos à segurança • Fornecer prática e treinamento para os observadores	• Assegurar que os observadores possam identificar com precisão os comportamentos críticos à qualidade • Fornecer prática e treinamento para os observadores
Fornecer feedback positivo para a realização de comportamentos	• Treinar os observadores sobre como realizar Conversas de Observação em Segurança • Os observadores incluem comentários positivos sobre comportamento seguro nas Conversas de Observação em Segurança	• Treinar os observadores sobre como realizar Conversas sobre Qualidade Baseada em Comportamento • Os observadores incluem comentários positivos sobre o comportamento crítico à qualidade nas Conversas sobre Qualidade Baseada em Comportamento
Rastrear dados comportamentais	• Rastrear tendências nos comportamentos seguros observados • Comparar tendências nos comportamentos e tendências nos incidentes	• Rastrear tendências nos comportamentos críticos à qualidade observados • Comparar tendências nos comportamentos críticos à qualidade e tendências nos resultados de qualidade

Figura 6. Elementos comuns de Segurança Baseada em Comportamento e Qualidade Baseada em Comportamento

Os processos mais eficazes de Segurança Baseada em Comportamento focam nos comportamentos específicos seguros e inseguros, criam listas de verificação de comportamentos ou práticos que reduzem o risco de ferimentos, coletam dados através de observações diretas, e fornecem aos colaboradores da linha de frente um feedback positivo e corretivo para o reconhecimento pelo comportamento seguro. Isso significa que se você tiver implementado a Segurança Baseada em Comportamento em sua organização ou sua planta, você já terá começado a usar os principais elementos da abordagem comportamental do modo como ela é aplicada na Qualidade Baseada em Comportamento.

Sinergias entre o Comitê de Coordenação de Segurança Baseada em Comportamento e uma Equipe de Ação em Qualidade

A maioria dos processos de Segurança Baseada em Comportamento possui um Comitê de Coordenação, que é uma equipe que consiste dos colaboradores da linha de frente, gestão e profissionais que processa os dados de Segurança Baseada em Comportamento, facilita a eliminação do risco e remove as barreiras à segurança. A Equipe de Ação em Qualidade que é criada quando a Qualidade Baseada em Comportamento é implementada (consultar Capítulo 3) e o Comitê de Coordenação de Segurança Baseada em Comportamento são similares porque mobilizam a retirada de obstáculos organizacionais ao desempenho dos colaboradores, e fazem interface direta com a alta gestão para agilizar decisões que requeiram despesas de capital e mudanças em toda a empresa. Elas também interagem com observadores e colaboradores, coletam e analisam dados, e monitoram o nível de envolvimento do colaborador e apoio da iniciativa.

Mesmo que haja sobreposição das funções, o Comitê de Coordenação de Segurança Baseada em Comportamento e Equipe de Ação em Qualidade devem provavelmente ser grupos separados. Mas se a sua organização tem um processo de Segurança Baseada em Comportamento maduro, você poderá escolher ter um ou mais membros do Comitê de Coordenação de Segurança Baseada em Comportamento também dentro da Equipe de Ação em Qualidade. As experiências e habilidades que os membros do Comitê de Coordenação da Segurança Baseada em Comportamento podem trazer para a Equipe de Ação em Qualidade incluem os itens abaixo:

• Como destacar os comportamentos e criar folhas de observação

• Como treinar e orientar observadores

• Como determinar metas e programação da frequência de observações

• Como resumir e analisar os dados da lista de verificação das observações

A inclusão de membros do Comitê de Segurança Baseada em Comportamento na Equipe de Ação em Qualidade fortalece seu investimento no Comitê de Coordenação ao utilizar o conjunto de habilidades de Segurança Baseada em Comportamento e ao aplicar a abordagem comportamental à um principal objetivo de desempenho organizacional. A inclusão também revitaliza seu processo de Segurança Baseada em Comportamento através de conversas que ocorrerão sobre como unir os dois processos para tirar vantagem das funções sobrepostas.

Observadores da Segurança Baseada em Comportamento e observações de qualidade

Os observadores de Segurança Baseada em Comportamento e observadores de Qualidade Baseada em Comportamento ambos desempenham a mesma função básica: observar diretamente o comportamento no trabalho dos colaboradores da linha de frente para dar à eles feedback sobre se estão trabalhando de modo seguro ou não, ou realizando os comportamentos críticos à qualidade que são essenciais para o resultado final. As listas de verificação observacionais podem facilmente ser adaptadas para a segurança e qualidade. Ao contrário das listas de verificação que são criadas para garantir que as condições de trabalho e equipamentos estejam em condições de uso, listas de verificação de segurança e qualidade colocam o foco dos colaboradores nas ações críticas que evitam ferimentos ou baixa qualidade.

Os observadores existentes em Segurança Baseada em Comportamento podem facilmente ser treinados na prática das Conversas de Qualidade Comportamental (ver Capítulo 6). Os observadores de Segurança Baseada em Comportamento são treinados de modo diferente dependendo do modelo de Segurança Baseada em Comportamento aplicado, mas em geral o treinamento enfatiza a apresentação para os colaboradores de feedback positivo e em manter positiva todas as conversas sobre possíveis problemas.

Revitalização e revigoramento de seu processo de Segurança Baseada em Comportamento com a Qualidade Baseada em Comportamento

Todo processo de Segurança Baseada em Comportamento poderá precisar de uma "injeção de ânimo" em algum momento — algo para ajudar os gerentes e colaboradores a comprometerem-se e focarem novamente no processo. Integrar o processo de Qualidade Baseada em Comportamento ao seu processo de Segurança Baseada em Comportamento faz justamente isso: ele envolve todos na aplicação de suas habilidades existentes na Segurança Baseada em Comportamento em um objetivo organizacional crítico. As observações e feedback tornam-se parte da cultura total e não somente parte da cultura de segurança. Mais e mais colaboradores tornam-se qualificados para dar e receber feedback. As soluções de problemas de qualidade e melhorias de qualidade fortalecem a base de clientes da organização, aumentam a competitividade e fortalecem o resultado final — que podem criar uma base para a segurança no trabalho, aumentos salariais e promoções.

Integrar o processo de Segurança Baseada em Comportamento ao aplicar seus recursos à qualidade é um modo óbvio de fortalecer o investimento da organização na Segurança Baseada em Comportamento baseada em Comportamento. A sinergia e oportunidades claras que isso traz para uma organização não são percebidos com frequência porque muitas áreas funcionais da organização são mantidas em silos separados. Em outras palavras, a segurança e operações possuem objetivos e prioridades diferentes e não há nenhum fórum para analisar oportunidades multidisciplinares.

Apoio e envolvimento da gestão

Um fator comum é compartilhado por todas as tentativas bem sucedidas para alterar o desempenho organizacional — o envolvimento e apoio da gestão. Se seus gerentes não estiverem ativamente envolvidos e visivelmente apoiarem o seu processo de Segurança Baseada em Comportamento, a probabilidade de que o processo de segurança esteja com dificuldades é alta. No processo de Qualidade Baseada em Comportamento, o principal objetivo da oficina do gerente da Equipe de Ação em Qualidade é ajudar os gerentes a criarem uma lista de verificação de comportamentos que envolva-os no processo de Qualidade Baseada em Comportamento e garanta seu sucesso. Alguns comportamentos que evidenciam para todos que os gerentes estão interessados no que está acontecendo no esforço da Qualidade Baseada em Comportamento estão abaixo:

- Utilização do formato da Conversa sobre Qualidade Baseada em Comportamento, perguntar sobre qualidade em suas conversas na planta com os colaboradores da linha de frente.

- Análise da Qualidade Baseada em Comportamento em quaisquer reuniões de gestão nas quais o tópico de qualidade seja discutido.

- Comparecer às reuniões da Equipe de Ação em Qualidade quando possível.

- Analisar os resultados de melhoria da qualidade com aqueles que reportam-se diretamente a eles.

- Perguntar sobre os esforços de melhoria de qualidade e como estão progredindo

- Perguntar sobre ações / operações específicas que sejam alvo de melhorias e como a Equipe de Ação em Qualidade planeja abordar estes itens.

- Verificar para garantir que a manutenção esteja agilizando as ordens de trabalho relacionadas aos planos de ação criados pela Equipe de Ação em Qualidade.

O mito da gestão que prejudica os resultados finais

Há um mito entre a alta gestão e executivos: eles geralmente acreditam que os problemas de qualidade podem ser resolvidos com muito dinheiro. As iniciativas que são grandes e que estão na moda, que sejam caras para implementar e consumam grandes quantidades de tempo da gerência e colaboradores são a solução padrão para a maioria das grandes empresas. A assunção é que se a solução não for cara, não pode ser séria.

Aulas e oficinas de treinamento em si não alteram os comportamentos de desempenho no trabalho dos colaboradores e / ou resolvem os problemas de desempenho, tais como somente um treinamento em segurança não é uma solução adequada para ferimentos no trabalho. Os estudos sobre "Transferência de Treinamento" indicam que entre 10 a 30 por cento do treinamento em sala de aula resulta em mudança do comportamento do colaborador no trabalho. Neles está o mito perpetuado em todos os corredores corporativos; o mito que permeia as grandes empresas internacionais: "Vamos instalar o Lean Six Sigma e isso irá resolver nossos problemas de qualidade e resultar em melhoria da qualidade." É verdade que a maioria das iniciativas de qualidade resultantes do Sistema de produção da Toyota instalou sistemas e processos robustos. Com frequência eles identificam oportunidades para os colaboradores melhorarem a qualidade, mas não fornecem um processo sistemático para identificar, documentar, medir e incentivar o novo comportamento do colaborador necessário para alterar práticas anteriores.

Em última análise, o único processo de mudança de comportamento que demonstrou funcionar em centenas de estudos científicos e baseados em evidências é a abordagem comportamental:

- Identifica especificamente o comportamento que você quer que o gerente ou colaborador da linha de frente desempenhe.

- Informa os comportamentos para aqueles que os desempenham para que saibam quais comportamentos geram resultados.

- Coloca estes comportamentos em uma lista de verificação para que as pessoas sejam lembradas ao vê-los e tenham os novos comportamentos em mente.

- Utiliza a lista de verificação para criar um sistema de medição que forneça à pessoa e à outros, o conhecimento de que o comportamento foi realizado e a taxa de melhoria.

- Fornece às pessoas um feedback oportuno e reconhecimento por seus esforços para manter a lista de verificação e realizar os novos comportamentos.

Em treinamento, você somente conversa e identifica o novo comportamento que é necessário para a melhoria organizacional. Na abordagem comportamental, você fornece a cada pessoa e seu gerente, um sistema de medição para confirmar que eles na realidade alteraram seu comportamento. Unir a mudança ao feedback positivo e reconhecimento cria uma responsabilidade positiva que é necessária para garantir que o comportamento treinado seja adotado e realizado.

Em resumo, um processo ativo de Segurança Baseada em Comportamento que já esteja em uso facilitará a implementação da Qualidade Baseada em Comportamento porque a organização já tem experiência no destaque de comportamentos, criação de listas de verificação, realização de observações, fornecimento de feedback, e coleta e análise de dados comportamentais. Em contrapartida, a implementação da Qualidade Baseada em Comportamento pode revigorar um processo de Segurança Baseada em Comportamento ao fazer observações e fornecer feedback enraizado de modo mais abrangente na cultura total.

O que aprendemos neste capítulo?

1. A Qualidade Baseada em Comportamento e Segurança Baseada em Comportamento compartilham cinco elementos comportamentais básicos:

    a. destacar comportamentos críticos;

    b. criar listas de verificação comportamentais;

    c. observar os colaboradores trabalhando;

    d. fornecer feedback positivo para a realização de comportamentos críticos;

    e. rastrear os dados comportamentais.

2. A implementação de uma destas abordagens geralmente prepara o caminho para a outra. As duas abordagens podem com frequência ser integradas com uma duplicação mínima de esforços. Por exemplo, os comportamentos críticos à qualidade e segurança podem ser incluídos em uma única lista de verificação de observações.

3. Os gerentes devem criar uma lista de verificação de comportamentos que mostram à organização o apoio deles à Qualidade Baseada em Comportamento, como perguntar sobre a qualidade em conversas na planta com os colaboradores e analisar o progressos da Qualidade Baseada em Comportamento nas reuniões de gestão.

CONCLUSÃO

O objetivo deste livro é apresentar uma ferramenta que agrega valor aos esforços de melhoria da qualidade. A abordagem comportamental sincroniza-se com todas as grandes iniciativas de qualidade, melhorando a eficácia delas sem interferir ou alterar os elementos básicos.

Estamos cientes de que muitos profissionais de qualidade podem ter dificuldades para incorporar o fator humano à gestão de qualidade. Engenheiros e profissionais de qualidade aprendem a focar "no processo" como componente-chave no controle e melhoria da qualidade.

Este livro não desafia os princípios de qualidade; na realidade ele encoraja os profissionais de qualidade a tirar vantagem da ciência comportamental para melhorar as iniciativas de qualidade ao envolver os colaboradores na utilização dos princípios de mais eficácia e ao fornecer à eles as consequências positivas por fazê-lo.

Quando a ciência comportamental foi inicialmente introduzida aos profissionais de segurança, foi recebida com reações variadas. Isso era compreensível; novas ferramentas são frequentemente recebidas com dúvida.

Agora a Segurança Baseada em Comportamento é aceita pela grande maioria da comunidade de segurança e seu valor é raramente questionado. Implementar a Segurança Baseada em Comportamento em organizações, contribuiu significativamente para fortalecer as culturas de segurança através da distribuição de responsabilidades pela gestão de segurança a todos os colaboradores da linha de frente. Há uma quantidade enorme de estudos e evidências com base em dados de que o valor da Segurança Baseada em Comportamento reduz significativamente os ferimentos nos colaboradores. Do mesmo modo, os autores possuem juntos mais de 130 anos de experiência na aplicação da abordagem comportamental em empresas e setores da indústria.

Em muitas organizações, a abordagem comportamental tornou-se um componente-chave da gestão. A identificação dos comportamentos para o sucesso de todos os colaboradores e o fornecimento de feedback e reconhecimento oportuno destes comportamentos são as principais peças da filosofia de gestão de muitas empresas mencionadas na prestigiada lista da Fortune 100. Uma das maiores empresas do mundo descreve seu método de gestão como "liderança baseada em encorajamento."

É com humildade que sugerimos que a comunidade de qualidade experimente com o processo que introduzimos. Temos muito em comum com os profissionais de qualidade; passamos vários anos de nossas vidas dedicados à melhorar os serviços e produtos de qualidade para empresas e setores da indústria em todo o mundo.

Conclusão

Não somos treinadores — embora o treinamento seja parte nossa prática. Somos primeira e principalmente consultores. Como os profissionais de qualidade, somos responsabilizados por nosso trabalho e seus resultados. Portanto as orientações neste livro foram testadas centenas de vezes.

Sabemos o que significa introduzir algo novo e colocar sua credibilidade a prova. Acreditamos que estamos fornecendo à você uma ferramenta que irá melhorar e sustentar as iniciativas de qualidade e consequentemente acrescentar valor à sua empresa.

REFERÊNCIAS

Chakravorty, S. (2010, Janeiro 25). Where process-improvement projects go wrong. *The Wall Street Journal*.

Farris, J., Van Aken, E., Doolen, T., & Worley, J. (2008). Learning from less successful Kaizen events: a case study. *Engineering Management Journal, 20* (3), 10-20.

George, M. L., Maxey, J., Rowlands, D., & Price, M. (2004). *The Lean Six Sigma Pocket Toolbook*. New York: McGraw-Hill.

Komaki, J. L. (1998). *Leadership from an Operant Perspective*. New York: Routledge.

Michigan Occupational Safety & Health Administration (2011). Guidelines for developing a permit required confined space entry written program. Retirado do http://www.michigan.gov/documents/dleg/deleg_wsh_cet5 330_346240_7.doc

Näslund, D. (2013). Lean and six sigma—critical success factors revisited. *International Journal of Quality and Service Sciences, 5* (1), 86-100.

Pay, R. (2008, March 1). Everybody's jumping on the lean bandwagon, but many are being taken for a ride—lean might not always produce the expected benefits and here's why. *Industry Week*.

Peters, T. J., & Waterman, Jr., R. H. (1982). In Search of Excellence: Lessons from America's Best-Run Companies. New York: Harper & Row.

Rosemary, R. F., & Wempe, W. F. (2009). Lean manufacturing, non-financial performance measures, and financial performance. *International Journal of Operations & Production Management, 29* (3), 214-40

GLOSSÁRIO

Abordagem comportamental. Abordagem científica para fortalecer o comportamento que inclui cinco passos. Primeiro, a identificação dos comportamentos específicos, observáveis que melhorarão o objetivo de desempenho. Em segundo, a divulgação da lista destes comportamentos para as pessoas relevantes. O terceiro passo é a criação da lista de verificação para lembrar os colaboradores sobre os comportamentos destacados. O quarto passo é monitorar o comportamento do colaborador com a lista de verificação. O quinto passo é coletar e apresentar os dados de observação como feedback para os colaboradores e gestão. Fornecer reconhecimento positivo pelas melhorias e alcance de metas.

Comportamento. Ação observável, contável; qualquer coisa que uma pessoa faça ou diga. Comportamentos precisos associados com o desempenho no trabalho ou segurança no trabalho são identificados. O objetivo é aumentar a frequência dos comportamentos que agreguem valor com feedback positivo e reconhecimento.

Comportamento crítico à qualidade. Comportamento de alto impacto, destacado que gera resultado de qualidade. Por exemplo, "calibrar o equipamento antes de iniciar o trabalho" pode ser um comportamento observável, contável que tenha impacto direto e positivo nos resultados de qualidade.

Consequência negativa. Evento após um comportamento que reduz a probabilidade de que o comportamento ocorra novamente. (A "negatividade" de uma consequência é determinado pelo efeito desencorajador no comportamento futuro, e não pela intenção daquele que fornece a consequência.)

Consequência positiva. Evento após um comportamento que aumenta a probabilidade de que o comportamento ocorra novamente. (A "positividade" de uma consequência é determinada pelo efeito de um incentivo no comportamento futuro, não pela intenção daquele que fornece a consequência.)

Consulta positiva. Maneira de coletar informações de maneira construtiva e incentivadora. O gerente ouve o que os colaboradores têm a dizer, e tem um diálogo proveitoso sobre as informações fornecidas pelo colaborador.

Conversa sobre Qualidade Baseada em Comportamento. Conversa na qual um observador ou gerente aborda comportamentos críticos à qualidade com o colaborador, assim como outros tópicos sobre o trabalho e desempenho do mesmo.

Destaque. Comportamento descrito em detalhes em termos observáveis e contáveis. Por exemplo, "número de tarefas de manutenção preventiva conforme programado" é um comportamento destacado que pode ser observado e contado

Desvio comportamental. Fenômeno no qual os colaboradores ou gerentes desviam do "modo prescrito com o qual devem fazer as coisas," deixando de realizar etapas e adicionando suas próprias alterações às suas funções. Por exemplo, espera-se que os colaboradores detalhem por escrito o desempenho de produção em um livro de registro durante cada turno, mas na falta de feedback e reconhecimento ao fazê-lo, eles poderão escrever só uma ou duas palavras.

Equipe de Ação em Qualidade. Equipe de membros criada para identificar e priorizar os problemas de qualidade, destacar comportamentos críticos a qualidade que geram resultados de qualidade, criar listas de verificação de observação, desenvolver planos, observar os colaboradores da linha de frente e fornecer feedback sobre os comportamentos e monitorar os resultados.

Feedback. Informações para uma pessoa sobre o seu desempenho, preferencialmente sobre o comportamento e os resultados. O feedback pode ser verbal, com base em dados ou ambos.

Indicador líder. Medida na produção que prevê resultados finais. Os dados comportamentais são indicadores líderes. Por exemplo, aumentar o número de vezes em que uma equipe analisa os procedimentos de trabalho antes de iniciá-lo pode ser um indicador líder do aumento de itens aprovados na inspeção**Lista de Verificação**. Folha de observação listando comportamentos críticos à qualidade para uma tarefa em particular.

Medição. Coleta e rastreamento de dados sobre comportamento, resultados ou ambos.

Qualidade Baseada em Comportamento. Uso de ferramentas comportamentais para focar no "lado das pessoas" da qualidade.

Reconhecimento. Reconhecimento individual ou de equipe pelo aumento da frequência de um comportamento específico ou resultado de desempenho. O reconhecimento pode ser simples como um comentário positivo ou bem preparado como um banquete de premiação para comemorar um acontecimento de melhoria em qualidade.

Segurança Baseada em Comportamento. Abordagem de melhoria de segurança na qual os comportamentos são identificados, colocados em uma lista de verificação de observação, utilizados por um observador treinado para verificar o trabalhador realizando suas tarefas, e depois usados para fornecer feedback e reconhecimento ao trabalhador. A lista de verificação resultante de todas as observações torna-se um banco de dados comportamental que é usado para medir as melhorias.

Treinamento. Conversar com um colaborador sobre seu comportamento, fornecendo medição de progresso, feedback positivo e reconhecimento pelas melhorias e feedback corretivo para qualquer necessidade de mudança.

.

SOBRE OS AUTORES

Jerry Pounds é Presidente da Divisão Internacional da Quality Safety Edge. Jerry tem 40 anos de experiência em consultoria e treinamento na aplicação da abordagem comportamental em qualidade, segurança e todas as áreas de melhoria do desempenho humano. Ele criou e implementou centenas de iniciativas estratégicas de melhoria de desempenho na maior parte das grandes categorias industriais comopor exemplo agricultura, aviação, automotiva, seguros, fabricação, mineração, farmacêutica e varejo. Jerry é especializado no desenvolvimento dos sistemas de reconhecimento com base em comportamento e iniciativas premiadas de desempenho e de melhoria em qualidade.

Tom Werner é Consultor Sênior na Quality Safety Edge. Tom tem mais de 30 anos de experiência como consultor, orientador, treinador e facilitador organizacional. Ele melhorou a qualidade e alterou as culturas organizacionais através de gestão do comportamento organizacional, eficácia de equipes, reprojetos de processo, e melhoria contínua. Tom trabalha em uma grande variedade de situações e indústrias, incluindo fabricação, refino, serviços, produtos ao consumidor, setor bancário, papel e financeiro.

Bob Foxworthy é Vice-Presidente para o mercado da América Latina da Quality Safety Edge. Bob implementou a qualidade baseada em comportamento no México e Estados Unidos. Consultor premiado, há mais de 40 anos Bob implementa soluções comportamentais em todo o mundo. As especialidades de Bob incluem gestão de comportamento organizacional, Segurança Baseada em Comportamento, desenvolvimento de liderança, treinamento executivo, melhoria do alinhamento cliente- fornecedor, e alteração de cultura organizacional. A experiência na indústria de Bob inclui o setor de petróleo e gás, energia nuclear, produção de alimentos, produção de papel, marketing, vendas e gerenciamento geral, aviação, operações ferroviárias, computadores, produtos têxteis, gestão de resíduos, governos e liderança na polícia além do desenvolvimento de pequenas empresas.

Daniel Moran, Ph.D., BCBA-D é Vice-Presidente Sênior da Quality Safety Edge e tem 20 anos de experiência na aplicação dos princípios comportamentais em ambientes corporativos em todo o mundo. Realizou iniciativas de segurança e de melhoria de qualidade em vários setores da indústria incluindo construção, polpa e papel, fabricação e petróleo. Daniel foi pioneiro com a união do Treinamento Aceitação & Comprometimento e a gestão de comportamento organizacional para melhorar os resultados na garantia de qualidade, consultoria de liderança, Segurança Baseada em Comportamento, treinamento em inovação e orientação executiva.